Opus 37

Schneider + Schumacher
KPMG-Gebäude, Leipzig

Text
Fabian Wurm

Photographien/Photographs
Jörg Hempel

Edition Axel Menges

Herausgeber/Editor: Axel Menges

ISBN 3-930698-37-4

Reproduktionen/Reproductions: Bild & Text Joachim Baun, Fellbach
Druck und Bindearbeiten/Printing and binding: Daehan Printing & Publishing Co., Ltd., Sungnam, Korea

Übersetzung ins Englische/Translation into English: Michael Robinson
Design: Axel Menges

Inhalt

6 Architektur mit Aplomb. Das KPMG-Gebäude von Schneider + Schumacher in Leipzig

22 Pläne
Grundrisse 22 – Schnitte 24 – Detailpläne 26

28 Bildteil
Außenansichten 28 – Eingangshalle 38 – Treppen zu den Obergeschossen 42 – Atrium 46 – Bürobereich 48 – Atriumdach 54

Contents

7 Architecture with aplomb. The KPMG Building by Schneider + Schumacher in Leipzig

22 Plans
Floor plans 22 – Sections 24 – Detail plans 26

28 Pictorial section
Exterior views 28 – Entrance hall 38 – Stairs to the upper storeys 42 – Atrium 46 – Office area 48 – Atrium roof 54

Architektur mit Aplomb. Das KPMG-Gebäude von Schneider + Schumacher in Leipzig

Baukräne und Banderolen, Mädlerpassage und neue Messe können nicht darüber hinwegtäuschen: Leipzig ist eine geschundene Stadt. »Leipzig kommt!« – der Slogan ist einstweilen mehr Versprechen denn Realität. Mag sich die Großstadt an der Pleiße noch so vollmundig empfehlen, sich gar im Gleichklang mit Kaliforniens Megametropole als »Boomtown LE« preisen – in vielen Vierteln abseits des Zentrums ist vom Aufschwung wenig zu spüren.

Auch südlich vom Ring, der die City umgibt, nahe beim Reichsgericht, wo die Petersvorstadt beginnt, haben vier Jahrzehnte des Mangels Spuren hinterlassen. Putz bröckelt, ganze Straßenzüge: verwaist, die Schäden an Dächern und Fassaden kaum zu übersehen – ein tristes Ensemble. Einst war es ein aufstrebendes Viertel. Reichverzierte Gebäude aus der Gründerzeit lassen es ahnen, der große Kopfbau am Peterssteinweg etwa. Kannelierte Pilaster und korinthische Kapitelle schmücken die Beletage, zierliche Halbsäulen das zweite Geschoß. Vergangene Pracht. Rußgeschwärzt steht da das mächtige Haus, verlassen bis auf das Erdgeschoß, wo Unentwegte – vorübergehend geduldet – mit viel Improvisationsgeschick ein Café eingerichtet haben: »Ambiente«, der Name zeugt von Trotz, schöner Wohnen im Transitorium. Zu Zeiten Bismarckscher Sozialistenverfolgung war das Lokal illegaler Treffpunkt der organisierten Leipziger Arbeiter, Drucker und Redakteure. Auf der anderen Straßenseite traf sich die junge Bohème, im Gasthof »Zur grünen Linde« verkehrten E. T. A. Hoffmann und Richard Wagner. Ein geschichtsträchtiges Gelände, fürwahr. Kaiserreich und Diktatur haben die Straßenzüge geprägt. An der Münzgasse stehen noch Häuser aus der Biedermeierzeit, entworfen von Zimmerleuten und Maurermeistern im spätklassizistischen Stil, seit Jahrzehnten verfallen, manche notdürftig geflickt. Ein morbides Idyll, wäre da nicht das Gefängnis ganz in der Nähe. 1874 als Polizeidirektion nebst Arresthaus errichtet, 1935 von den Nazis um eine einschüchternde Bogenhalle erweitert, wurde die Anlage später von der Staatsicherheit übernommen. Jüngst hat man das Untersuchungsgefängnis der Stasi zum Polizeigewahrsam umgebaut. Stacheldraht bekrönt den Komplex – nach wie vor.

Ein Areal zwischen Knast und Café: Das war die Szenerie, als das Frankfurter Architekturbüro Schneider + Schumacher auf den Plan trat. Mit dem Auftrag, für die renommierte Deutsche Treuhand-Gesellschaft KPMG ein Bürohaus zu entwerfen, waren Till Schneider und Michael Schumacher nach Leipzig gekommen. In der ganzen Stadt hatten die beiden Architekten nach einem passenden Grundstück Ausschau gehalten. Schneiderund Schumacher, die mit der roten Info-Box am Potsdamer Platz in Berlin international Aufmerksamkeit erregten, wollten ihr Gebäude nicht verstecken, nicht auf der grünen Wiese bauen in einem jener großen Gewerbeparks mit Großmärkten und Shopping Malls, die sich seit der Wende auf billigem Grund wie ein Kranz um die Stadt legen. Architekten und KPMG-Chef Peter Wesner waren sich einig: Sie wollten sich am Aufbau der geschundenen Stadt beteiligen. Die Südvorstadt bot sich an: Das Zentrum ist bequem zu Fuß erreichbar, die Universitätsbibliothek liegt ganz in der Nähe, auch zur Hochschule für Graphik und Buchkunst ist es nicht weit. Dort, wo die Beethovenstraße in den Peterssteinweg mündet, hatte der Krieg eine Lücke gerissen, Platz genug für die Leipziger Filiale der KPMG mit ihren über hundertzwanzig Mitarbeitern. »Weltoffenheit« und »Transparenz« wollte man hier schaffen. Die städtebauliche Aufgabe ließ sich schnell definieren. Der Block war zu komplettieren, der Platz zu schließen. Ein Stück Stadtreparatur – und doch weit mehr.

Heute ist das Resultat zu bestaunen – das Glashaus im Gründerzeitviertel. Wie der mächtige Bug eines Schiffes nimmt sich der Baukörper aus. Das Gebäude ist durchsichtig und zugleich verschleiert. Eine raffinierte Inszenierung: Nicht nur die Farbe der großen, bis auf das Straßenniveau reichenden Glasscheiben changiert, auch deren Anmutung. Einmal wirken sie opak, dann wieder stumpf, im nächsten Moment licht. Je nach Einstrahlung und Blickwinkel verändert das Gebäude seine optische Präsenz. Ruhende Masse oder fließende Bewegung? Beides haben die Architek-

1. Das Areal, auf dem das KPMG-Gebäude errichtet wurde, um 1930. Das markante Eckgebäude und die daran anschließenden Gebäude wurden während des letzten Krieges zerstört. (Photo: Stadtarchiv Leipzig.)
2. Schneider + Schumacher, KPMG-Gebäude, Leipzig, 1994–98. (Photo: Jörg Hempel.)

1. The KPMG Building site, c. 1930. The striking corner building and the buildings adjacent to it were destroyed in the last war. (Photograph: Stadtarchiv Leipzig.)
2. Schneider + Schumacher, KPMG Building, Leipzig, 1994–98. (Photograph: Jörg Hempel.)

Architecture with aplomb. The KPMG Building by Schneider + Schumacher in Leipzig

Building cranes and banners, the Mädlerpassage and the new trade-fair buildings cannot conceal the fact that Leipzig is a city that has been very badly treated. »Leipzig kommt!« (Leipzig is up and coming) – the slogan is more a promise than a reality. This great city on the Pleiße can blow its own trumpet as loudly as it likes, even call itself »Boomtown LE«, in the same way as California's mega-metropolis – but in many districts away from the centre there is very little sense of an upturn.

Four decades of neglect have also left their traces south of the ring road round the city centre, near to the Reichsgericht, where the Petersvorstadt begins. Plaster is crumbling, whole streets are looking deserted, it is impossible not to notice the damage to roofs and façades – a dismal ensemble.This used to be an up-and-coming district. Lavishly decorated buildings from the Gründerzeit, the period of rapid industrial growth in the early 1870s, give a hint of this, the large building at the end of Petersteinweg, for example. Fluted pilasters and Corinthian capitals adorn the first floor, and the second floor has delicate half-columns. The splendour of bygone days. The mighty building stands there, blackened with soot and abandoned except for the ground floor, where a few stalwarts – tolerated for the time being – have set up a café with a great deal of improvisational skill: »Ambiente« (ambience) – the name suggests defiance, more gracious living in a period of transition. At the time when Bismarck was persecuting Socialists the café was an illegal meeting-place for organized Leipzig workers, printers and editors. The young bohemians met on the other side of the road. E. T. A. Hoffmann and Richard Wagner were regular customers in the inn called »Zur grünen Linde«. Definitely an area with a great deal of history. Empire and dictatorship made their mark on the streets. There are still Biedermeier houses in Münzgasse, designed by carpenters and master-masons in the late Classicist style. They have been decaying for decades, some are patched up in a makeshift fashion. It would be a morbid idyll if it were not for the fact that there is a prison close by. It was built in 1874 as a police headquarters with cells, the Nazis added an intimidating arched hall in 1935, and the building was later taken over by the East German Staatssicherheit, the state security service. Most recently the Stasi building has been converted for remand prisoners in police custody. The complex is topped with barbed wire – as it always has been.

A site between the clink and a café: that was the scenario when the Frankfurt architects' office of Schneider and Schumacher came into the picture. Till Schneider and Michael Schumacher had come to Leipzig with a commission to design an office building for the distinguished Deutsche Treuhand-Gesellschaft KPMG. The two architects had looked out for a suitable site all over the town. Schneider and Schumacher, who had attracted international attention with the red Info-Box in Potsdamer Platz, did not want to hide their building away, did not want to build on a green-field site on one of those great commercial parks with hypermarkets and shopping malls that had formed a ring on cheap land around the city since the collapse of Communism in 1989. The architects and KPMG boss Peter Wesner agreed: they wanted to be part of the revival of the ill-treated town. The southern suburbs seemed ideal: it is easy to walk to the centre, the university library is close by, and it is not far to the Hochschule für Graphik und Buchkunst either. The war had made a gap where Beethovenstraße meets Peterssteinweg, enough room for the Leipzig branch of KPMG with over one hundred employees. They wanted to create openmindedness and transparency here. The urban task was quickly defined. They had to fill in the gap in the block and complete the square. A piece of urban repair – and yet a great deal else as well.

Today the result is a source of astonishment – a glass building in a quarter dating from the Gründerzeit. The building is like the mighty prow of a ship. It is transparent and at the same time veiled. A sophisticated piece of theatre: it is not just the colour of the large glass panes reaching down to street level that changes, it is their whole appearance. Sometimes they seem opaque, then dull again, then light the next mo-

ten in Einklang gebracht – Gravitas und Transparenz. Das weiße Siebdruckmuster auf der Südwestseite läßt den Bau tagsüber kompakt erscheinen, verwehrt direkte Einblicke und dient als Sonnenschutz. Bei Nacht aber verliert der Bau jede Schwere. Das Innere strahlt nach außen. Konstruktion und Raumgefüge werden sichtbar. Das Haus funkelt wie ein Kristall mitten in der dunklen steinernen Vorstadt – ein dramatischer Effekt, ein großartiger Kunstgriff zumindest.

Epochen stoßen aufeinander. Auf den ersten Blick könnten die Gegensätze kaum größer sein: Glatte Flächen, schneidend scharf, an der Ecke elegant zu einer Rundung gebogen, neben den verspielten Lotusblüten in den Lünetten der alten Häuser. Ein Schiff auf Kollisionskurs? Harte Konturen kratzen an Stuck und Ornament. Nur keine Anbiederung: Auf eine symmetrische Organisation des Baukörpers haben Schneider und Schumacher bewußt verzichtet. Sie orientierten das Gebäude zur Münzgasse hin, dort lassen sie die Fassade wie eine Vitrine vorspringen, dort öffnet sich das Atrium.

Innen und außen scheinen keine Gegensätze mehr zu sein. Sind wir schon im Gebäude oder noch auf der Straße? Mit der gläsernen Vitrine – zusammengefügt aus rahmenlos hängenden Glasplatten beträchtlicher Größe – haben die Architekten den Platz in das Gebäude verlängert. Einmal mehr: ein wohlkalkuliertes Spiel. Fließende Übergänge wohin man schaut. Der Boden der Eingangshalle ist mit Granitplatten belegt – »Nero assoluto« –, dunkel wie Asphalt und das Pflaster des Bürgersteigs. Schwellenangst soll bloß nicht aufkommen. Das glasüberdachte Atrium ist öffentlich zugänglich. Hier finden Vorträge und Konzerte statt. Die Buchhandlung »Flipper« (nebst Galerie) und das Restaurant »Palermo« haben sich bereits etabliert; beide Namen sind eine Hommage an den frühverstorbenen Künstler, der als Peter Schwarze in Leipzig geboren wurde und als Blinky Palermo in Düsseldorf Furore machte – nicht zuletzt dank eines Flipper-Gemäldes.

Der Bauherr schätzt minimalistische Kunst, prägnante Formen und kräftige Farben. Auf rotem Teppichboden bewegt man sich durch Flure, Büros und auf der raffinierten Treppe, die sich von Geschoß zu Geschoß windet – ein ums andere Mal versetzt. Wie eine kinetische Skulptur erscheint sie und ist doch eine höchst ingeniöse Konstruktion: Verbindungsstege balancieren – großen Gewichten gleich – die sich emporwindenden Treppenelemente aus, dieses Prinzip wiederholt sich bei den Windaussteifungen der Fassade, die den an Seilen aufgehängten Glasscheiben als Gegengewichte dienen. Ein Balanceakt – alles ist in der Schwebe.

Treppen sind in Bürohäusern häufig Beiwerk, ohne Phantasie geplant, weil sie nur Nebenzwecken dienen oder für die Benutzung in Notfällen angelegt sind. Hier aber steht die Treppe im Mittelpunkt, die »Kaskaden«, wie sie genannt werden, sind geradezu das Charakteristikum des Gebäudes. Weit in das Atrium ragen die Podeste hinein. Stets bieten sich neue Ansichten und Einblicke in die geschoßhoch verglasten und brüstungsfreien Büroräume, die seitlich des lichtdurchfluteten Atriums angeordnet sind. Dunkle Büros gibt es hier nicht. KPMG-Mitarbeiter aber, die sich nicht dem Lichtbad und neugierigen Blicken aussetzen möchten, können sich mit Jalousien schützen.

Zwei geometrische Grundformen dominieren das gesamte Haus: das Dreieck und der Halbkreis. Die gerundeten Podeste der Treppe nehmen die Rundungen des Bugs auf, das Atrium hingegen ist prismatisch. Ein Spiel mit Kanten und Bögen: Wie spannungsreich zeitgenössische Architektur doch sein kann, wenn sie vordergündige Anpassung vermeidet!

Bauen ohne Kompromiß? Jedenfalls: Architektur mit Aplomb. Ohne Frage, dieses Gebäude ist als Kontrapunkt zur Kulissenarchitektur der Gründerzeit gedacht – Glas versus Stein.

Das Haus polarisiert. Das war schon so, als die Architekten ihre ersten Pläne in Leipzig vorstellten. Was die einen emphatisch als »Lichtblick« feierten, versetzte andere in düstere Stimmung. Was habe ein gläserner Schiffsrumpf hier verloren zwischen den reich verzierten Wohn- und Geschäftshäusern? So monierten Baubeamte im Verein mit Denkmalpflegern und witterten – einmal mehr – das rücksichtslose Vorgehen eines westdeutschen Unternehmens und ihrer Architekten. Die Ängste hatten gute Gründe: Denn viele Gebäude, die Investoren – mit großen Architekturfirmen im Rücken – der Stadt bescherten, sind in der Tat von auftrumpfender Banalität. Unproportionierte Fassaden allenthalben, protzige Trutzburgen – der Überschwang einer neuen Gründerzeit. Man war gewarnt. Und so verhieß ihnen auch das hartnäckige Engagement von Schneider und Schumacher nichts Gutes. Drohte da nicht eine zweite Zerstörung? Die Wellen schlugen hoch. Die Baugenehmigung ließ auf sich warten. Und Leipzig hatte seinen heftigen Streit um Fassaden, Traufhöhen und Gestaltungssatzungen.

Hier die jungen Vertreter einer neuen Moderne, die sich dem »leichten« Bauen mit Stahl und Glas verschrieben haben, dort das Beharren auf Blockrand und althergebrachtem Baumaterial. These und Antithese: Schneider und Schumacher ignorierten, so der Vorwurf, das ohnehin schon reichlich beschädigte Erbe der Stadt. Arroganz der Avantgarde. Die Architekten hielten dagegen: Die Baupolitik glorifiziere die Vergangenheit, innovative Architektur habe keine Chance. Hier werde vor der Gegenwart kapituliert.

Bauen im historischen Kontext: Das Thema ist heikel. Muß sich das Neue dem Alten unterordnen? Soll sich der Architekt dem, was er vorfindet, fügen und gar das ein oder andere Detail zitieren? Oder darf er selbstbewußt ein Zeichen setzen?

Lange Zeit war das keine Frage. Baumeister vergangener Epochen kannten wenig Skrupel. Überzeugt von der Kraft ihrer Zeit und der Bedeutung der Gegenwart gingen sie zur Sache. Die gebaute Vergangenheit war nicht alleiniger Maßstab. »Um ein wahrhaft historisches Werk hervorzubringen«, hatte Schinkel geschrieben, sei es keinesfalls ratsam, etwas »abgeschlossenes Historisches zu wiederholen.« Statt dessen müsse, forderte der preußische Baumeister, auf den sich die Freunde historisierenden Bauens noch heute gern berufen, »ein solches Neues geschaffen werden, welches imstande ist, eine wirkliche Fortsetzung der Geschichte zuzulassen«. Denn erst das Nebeneinander verschiedener Epochen verhelfe auch dem Alten zur Geltung und lasse eine Stadt lebendig werden.

Spätere Generationen waren rabiater. Die Wortführer der Moderne traten an, Licht ins Dickicht der Städte zu bringen – »Licht, Sonne und Luft«. Der Haß auf das Häusermeer, die Mietskaserne mit Hinterhof, auf dunkle Ecken und verwinkelten Gassen ließen Abriß und Flächensanierung als einzig probate Mittel erscheinen. Die bauliche Hinterlassenschaft des Historismus war das Feindbild, die Folie, vor dem die Reformer ihre Vision

ment. The building's optical presence changes according to the angle of the light and one's point of view. Mass in repose or fluent movement? The architects have brought both into harmony – gravitas and transparency. The white screen-print pattern on the southwest side gives the building a compact look by day, makes it impossible to look directly inside and protects it from the sun. But at night the building becomes weightless. The inside shines outwards. Construction and the layout of the rooms become visible. The building sparkles like a crystal in the dark in the stone suburb – a dramatic effect, at the very least a magnificent trick.

Epochs clash. At first glance the contrast could hardly be greater: smooth surfaces, sharp as a knife, bent into an elegant curve at the corner, set against the fanciful lotus flowers on the lunettes of the old buildings. A ship on collision course? Hard lines grate against stucco and ornament. But no attempts to curry favour: Schneider and Schumacher deliberately decided against organizing the building symmetrically. They made it face Münzgasse, allowing the façade to protrude like a showcase, and it is here that the atrium opens up.

Inside and outside there no longer seem to be any contrasts. Are we in the building, or still out in the street? The architects continued the square into the building with the glass showcase – fitted together from unframed sheets of glass of a considerable size. Once more – a well calculated game. Fluent transitions wherever you look. The floor of the entrance hall is paved with granite slabs – »nero assoluto« –, dark as asphalt and the pavement outside. Fear of entering the place is to be avoided at all costs. The glass-roofed atrium is open to the public. Lectures and concerts take place here. The »Flipper« bookshop (with gallery) and the »Palermo« restaurant have already established themselves; both names are a tribute to an artist who died at an early age, born as Peter Schwarze in Leipzig, and destined to cause a furore in Düsseldorf as Blinky Palermo – not least thanks to a flipper painting.

The client is fond of minimal art, succinct forms and powerful colours. You walk through corridors, offices and the subtle staircase on a red carpet. The staircase winds from floor to floor – offset time and again. It seems like a kinetic sculpture and is certainly a most ingenious structure: connecting walkways balance the steps as they wind upwards – like large weights – and this principle is repeated in the wind bracings on the façade, which act as counterweights to the glass panes suspended on ropes. A balancing act – everything floats.

Stairs in office blocks are very often an accessory, planned unimaginatively, because they only fulfil secondary functions or are intended for emergency use. But here the staircase is central, the »cascades«, as they are called, are the characteristic feature of the building. The landings thrust deep into the atrium. New views and insights are constantly offered into the office spaces arranged on the side of the brightly lit atrium, glazed from floor to ceiling and free of sills. There are no dark offices, though KPMG employees who do not want to be bathed in light or subjected to curious glances can protect themselves with venetian blinds.

The building as a whole is dominated by two basic geometrical forms: the triangle and the semicircle. The rounded landings of the staircase pick up the round forms of the prow, while the atrium is prismatic. A game with edges and arches: how exciting contemporary architecture can be when it avoids superficial conformity!

Uncompromising building? In any case: architecture with aplomb. There is no question that this building is intended to act in counterpoint with the scenic architecture of the Gründerzeit – glass versus stone.

The building polarizes opinion. This happened from the outset, when the architects presented their first plans in Leipzig. Some people celebrated it emphatically as a »bright spot«, but it made others quite gloomy. What was a glass ship's hull doing among all these lavishly decorated residential and commercial buildings? Building officials joined the monument preservationists to find fault in this way and sensed – once more – a West German concern and its architects thrusting ruthlessly forwards. Their fears were not groundless: many of the buildings that investors – with great architects behind them – had given the city are in fact ostentatiously banal. Unproportioned façades everywhere, showy castles – the exuberance of a new age of rapid expansion. We had been warned. And so Schneider and Schumacher's stubborn commitment did not seem to bode well. Was this not a threat of a second wave of destruction? Very big waves were made. Permission to build was slow in coming. And Leipzig staged a violent quarrel about façades, eaves heights and design statutes.

On one side were the young representatives of a new Modernism, committed to »light« building in steel and glass, and on the other were those who insisted on block peripheries and traditional building materials. Thesis and antithesis: Schneider and Schumacher were ignoring the city's heritage, which had already been very severely damaged. The arrogance of the avant-garde. The architects hit back: the building policy was glorifying the past, innovative architecture did not stand a chance. This was a capitulation in the face of the present.

Building in a historical context: this is a delicate subject. Does the new have to give way to the old? Are architects supposed to fit in with what they find and even quote the one or the other detail? Or can they be self-confident and set a sign?

For a long time that was not a question. Masterbuilders in previous ages had few scruples. They went about their task convinced by the power of their age and the importance of the present. The built past was not the only criterion. Schinkel wrote that »to produce a truly historical work« it was by no means advisable to »repeat (something) that was completely historical.« Instead, the Prussian architect whom friends of historicizing architecture are so fond of citing today, required that »the kind of new thing that should be created must be capable of admitting a real continuation of history«. He went on to say that only by juxtaposing various epochs can one help the old to be valid and make a city come to life.

Later generations were more brutal. The leading lights of Modernism appeared to bring light into the jungle of the cities – »light, sun and air«. Hatred of seas of houses, of tenements with their backyards, of dark corners and twisty alleyways made demolition and wholesale refurbishment seem to be the only effective remedy. The architectural legacy of Historicism was the hostile image, the background against which the reformers were able to set their vision of a new world,

einer neuen Welt ohne Kulissen und Schnörkel plausibel in Szene setzen konnten. Hell, sauber und hygienisch sollte die neue Stadt sein. Da war kein Platz mehr für »Grabstein- und Friedhofsfassaden«, wie Bruno Taut die Häuser des späten 19. Jahrhunderts nannte. »Hinfort mit den vierstöckigen Trödel- und Schacherbuden! Zerschmeißt die Muschelkalksteinsäulen in Dorisch, Jonisch und Korinthisch, zertrümmert die Puppenwitze ... auf den Müllhaufen mit dem Plunder! Laßt sie zusammenfallen, diese gebauten Gemeinheiten.« In der Aufbruchstimmung nach den Ersten Weltkrieg verkündete Taut seine Thesen zur Auflösung der Städte. Es war die Zeit der tönenden Manifeste. »Glashäuser« und »Luftkolonien« sollten an die Stelle der finsteren Viertel treten. In ihrer Verachtung des Vorhandenen waren sich die Architekten des Neuen Bauens einig. Ob Le Corbusier die neue Stadt wie eine »riesige Werft« plante, mit »Häusern, die Ozeandampfern gleichen« und in einem »Meer von Bäumen« schwimmen, oder ob Walter Gropius die »Auflockerung« der Städte durch Siedlungen mit Scheibenhäusern propagierte: Der geschlossene Baublock, der die europäische Stadt jahrhundertelang geprägt hatte, sollte durch glatte Häuserzeilen und Wolkenkratzer im Grünen ersetzt werden.

Als der Zweite Weltkrieg allerorts Trümmer hinterlassen hatte, war – so zynisch es klingen mag – die große Chance da. Abschied von der steinernen Stadt! Auch wenn die emphatische Rhetorik der Avantgarde dem technokratischen Jargon der Planer wich, sollte nun Ernst gemacht werden mit Durchgrünung und Entkernung. Der neue Städtebau, der seine exemplarische Verwirklichung im Westberliner Hansaviertel fand, sah plastische Baukörper in einer fließenden Raumlandschaft vor, Solitäre im Grünen.

In Leipzig allerdings folgte man anderen Prämissen. Die DDR trat an, das »nationale Erbe zu pflegen«. Die »historisch entstandene Struktur der Stadt« wollte man »bei Beseitigung ihrer Mängel« rekonstruieren. Das Bauen stand im Zeichen »nationaler Tradition«. Auch das kann man in Leipzig besichtigen, travertinverkleidete Häuserblocks mit Erker und Baluster, im Westen nannte man es »Zuckerbäckerstil«. Doch auf Dauer ließ sich so nicht bauen – weil es zu kostspielig war. Und so wurde ab Mitte der fünfziger Jahre mit aller Vehemenz die Industrialisierung des Bauens forciert, die Plattensiedlung auf der grünen Wiese ist das triste Resultat. In Leipzig-Grünau, zwischen Kulkwitzer See und Stadtrand, wurden acht durchnumerierte Wohnkomplexe mit sechsstöckigen Wohnhäusern gebaut. Sechzehngeschossige Solitäre sollten Akzente setzen. Geplant wurde im großen Stil: eine Trabantenstadt für 100 000 Einwohner.

Und dann wieder folgte eine Volte. Die Partei gab neue Direktiven aus. Doch als man sich abermals der historischen Bausubstanz in den Städten bewußt wurde, da war es zu spät. Die Plattenbaumaschinerie ließ sich nicht mehr stoppen. Kranbahnen und Großtafeltransporter auf der grünen Wiese stampften neue Quartiere aus dem Boden. Und die innerstädtischen Viertel waren – bis auf wenige aufwendig renovierte Vorzeigeobjekte – dem Verfall preisgegeben. Abriß und Suburbanisierung gingen Hand in Hand. In der Leipziger Südvorstadt und in Grünau kann man die Misere der DDR-Baupolitik studieren.

Wie also Bauen in einer Stadt, deren wechselvolle Geschichte überall ihre Narben hinterlassen hat? Wieviel Vergangenheit braucht die Zukunft? Wieviel Respekt vor dem Überlieferten ist nötig? Und wieviel Unbefangenheit und Eigenständigkeit sind dabei erlaubt?

Nach der Wiedervereinigung waren dies Fragen, die nicht mehr nur von Funktionären und Spezialisten öffentlich erörtert wurden. Die Verplanten nahmen die Geschichte selbst in die Hand. »Schluß mit der Kahlschlagpolitik«, hieß eine der populären Parolen der Leipziger Montagsdemonstrationen, die leztendlich das Ende des Regimes einläuteten. »Die kaputteste Stadt Deutschlands stand vor dem Kollaps«, erinnert sich Wolfgang Hocquél, der Leiter von Leipzigs Oberer Denkmalbehörde, und er nennt auch die Gründe: »Die Industrie befand sich im Niedergang, die Viertel verfielen. Und die Umweltbelastung war derart extrem, daß es an manchen Tagen kaum hell wurde in Leipzig.«

Vor tausend Bürgern postulierten Leipziger Architekten auf der »1. Volksbaukonferenz« im Januar 1990 die Bewahrung gebauter Strukturen als bindend für künftige Planungen – getreu dem Motto »Wider die Stadtzerstörung«. Ein sofortiger Abrißstop wurde gefordert – und tatsächlich erreicht. Die Sanierung war zum Politikum geworden, zur Überlebensfrage der Stadt. Bis heute verlassen seit der Wende Jahr für Jahr 10 000 Bewohner die alten Viertel, ein Aderlaß, den die Stadt durch Modernisierung der alten Bauten nun stoppen will. In der Folge wurde die Südvorstadt zum größten zusammenhängenden Sanierungsgebiet Deutschlands. Da gilt es, die Stadt behutsam zu reparieren – und zu rekonstruieren.

Flucht in die Vergangenheit? Keine Frage, die rekonstruierte Historie ist in Mode gekommen. Auch wenn dabei die Phantasie der Planer auf der Strecke bleibt: Kann es wirklich verwundern, daß nach den Erfahrungen in totalitären Systemen plötzlich das alte traditionsreiche Leipzig, die prosperierende Stadt der Jahrhundertwende in den Blick gerät, die Metropole, die einmal zu den größten und reichsten deutschen Städten zählte und mit Hamburg, Köln oder München konkurrierte? Schließlich sind es die Gebäude aus jener Zeit, die Leipzig prägen und zur Stadt mit dem meisten denkmalgeschützten Bauten Deutschlands machen. 14 000 Gründerzeitgebäude stehen stehen mittlerweile auf der Liste.

Bauen im alten Bestand: Rezepte sind da nicht zu haben. Die Spielräume sind eng. Da ist auch der sensible Umgang mit den städtischen Beamten gefordert. Für Schneider und Schumacher war es eine Herausforderung – und eine neue Erfahrung.

Denn jene Bauten, mit denen die beiden zu den »Shooting Stars« der Architektur avancierten, erheben sich kühn über die Topographie: Ihre Glashäuser und Pavillons, Kindergärten und Bürogebäude sind Landmarken auf unwirtlichem Gelände, Signale auf bisweilen trostlosem Terrain.

Die rote Info-Box in Berlin etwa, dieser ins Plakative vergrößerte Baucontainer, der auf 7 m hohen Stelzen daherkommt, scheint über dem Boden zu schweben. Abgehoben im Wortsinn – exterritorial. Der Kontakt zur Erde beschränkt sich auf ein Minimum, nämlich den Aufzugskern, die Antritte der Treppen und die Stützen. Das »rote Raumschiff« ragt weithin sichtbar über die größte Baustelle der Republik hinaus, deutlich vom eigentlichen Geschehen distanziert. Dort, wo sich einst Todesstreifen und Mauer befanden, auf verstepptem Feld wird eilig das neue Zentrum der Hauptstadt herbeigebaut. In klassischen Formen. Moderne oder Neo-Historismus? Bei der architektonischen Neugestaltung

without set-pieces and flourishes. The new city was to be bright, clean and hygienic. There was no more room for »tomb and cemetery façades«, as Bruno Taut called the buildings of the late 19th century. »Away with the four-storey junk and haggling stalls! Tear down the muschelkalk columns in Doric, Ionic and Corinthian, smash the dolls' jokes ... on to the rubbish heap with the plunder! Let these pieces of built nastiness collapse.« Taut proclaimed his theses about the dissolution of the cities in the mood of making a fresh start after the First World War. It was the age of resounding manifestos. The dark quarters were to be replaced with »glass buildings« and »airy colonies«. The architects of New Building were united in their condemnation of what was already there. Whether it was Le Corbusier planning a new city like a »gigantic shipyard«, with »buildings like ocean liners«, and floating in a »sea of trees«, or whether Walter Gropius was campaigning for »loosening up« cities with rows of buildings: the closed building block, that had shaped European cities for centuries, was to be replaced with smooth rows of houses and skyscrapers among the greenery.

The great opportunity came – however cynical this may seem – when the Second World War had left ruins everywhere. Farewell to the stone city! Even when the emphatic rhetoric of the avant-garde gave way to the technical jargon of planners, greening and slum clearance had to be taken seriously. The new urban development, which was realized in an exemplary fashion in the Hansaviertel in West Berlin, proposed sculptural buildings in a flowing spatial landscape, solitaires on green sites.

But in Leipzig other premises were followed. The GDR intended »to care for the national heritage«. They wanted to reconstruct »the historical structure of the city while removing its faults«. Building was done in a spirit of »national tradition«. This too can be seen in Leipzig, travertine-clad blocks with bays and balusters, called the »wedding-cake style« in the West. But it was not possible to build like that in the long run – because it was too expensive. And so from the mid fifties the industrialization of building was pushed forward with great vehemence, and the sad result were slab estates on green field sites. In the Grünau district of Leipzig, between Kulkwitzer See and the edge of the city, eight numbered complexes with six-storey blocks of flats were built. Sixteen-storey solitaires were intended to set accents. There was planning on a grand scale: a satellite city for 100 000 inhabitants.

And then came another volte-face. The Party issued new directives. But when people became aware of historical building in the cities once more, it was too late. The slab-building machinery could not be stopped. Crane runways and transporters for large slabs produced new quarters out of thin air on green field sites. And the inner city districts – with the exception of a very few renovated showpieces – were allowed to rot. Demolition and urbanization went hand in hand. The wretchedness of GDR building policy can be studied in Südvorstadt, the area just south of central Leipzig, and in Grünau.

And so how is one to build in a city whose chequered history has left scars everywhere? How much past does the future need? How much should tradition be respected? And how much lack of inhibition and independence are needed to do it?

After reunification these were questions that were not restricted to public discussion by functionaries and specialists. The planning victims took history into their own hands. »Stop the policy of total clearance« was one of the popular slogans of the Leipzig Monday demonstrations that ultimately signalled the end of the regime. »Germany's most broken city was on the verge of collapse« remembered Wolfgang Hocquél, the director of Leipzig's Monument Department, and gives his reasons: »Industry was in decline, the urban districts quarters were decaying. And the environmental pollution was so extreme that there were days when it hardly got light in Leipzig.«

In January 1990, Leipzig architects suggested to a thousand townspeople at the »1st People's Building Conference« that preserving built structures was binding for future planning – true to the motto »against destroying the city«. An immediate end to demolition was demanded – and in fact achieved. Refurbishment had become a political issue, a question of the city's survival. Since the fall of the Wall 10 000 inhabitants have been leaving the old quarters year by year, a bloodletting that the city is now trying to stop by modernizing the old buildings. As a consequence the Südvorstadt became Germany's largest coherent refurbishment area. The intention was to repair the city carefully – and to reconstruct it.

An escape into the past? There is no doubt that reconstructed history is in fashion. Even if the planners imagination falls by the wayside: should we be surprised that after experience with totalitarian systems the ancient, tradition-rich city of Leipzig should become a focus of attention, the prosperous city of the turn of the century, the metropolis that was once one of Germany's largest and richest cities, competing with Hamburg, Cologne or Munich? Ultimately it is buildings from that period that shape the image of Leipzig and make it the German city with the most listed buildings. 14 000 Gründerzeit buildings are now on the list.

Building among the old stock: there are no recipes for this. There is very little scope. Sensitive handling of city officials is also required. It was a challenge for Schneider and Schumacher – and a new experience.

In fact the buildings that made the two of them »shooting stars« among architects rise boldly above the topography: their glass houses and pavilions, kindergartens and office buildings are landmarks on inhospitable sites, signals on terrain that has hitherto been desolate.

Take the red Info-Box in Berlin, for example, a container enlarged to striking proportions, stalking in on stilts 7 m high, and seeming to float above the ground. It has literally taken off – it is extraterrestrial. It contact with the earth is minimal, restricted to the lift core, the entrances to the staircases and the supports. The »red spaceship« towers over the largest building site in Germany, visible over long distances, clearly distanced from the actual events. Where the death strip and Wall used to be, the new centre of the capital is being built on land that has turned into steppe. Using classical forms. Modernism or Historicism? Homage has been paid to the old in the new design for Berlin. The Box is also a comment: »It's going ahead, but we are marching in the wrong direction.«

The red Box, the first building in the square, was intended to symbolize the new beginning – which has so far not taken place – and became a powerful draw for

von Berlin hat man sich dem Alten gebeugt. Die Box ist auch ein Kommentar: »Es geht voran, aber wir marschieren in die falsche Richtung.«

Die rote Box, das erste Haus am Platz, wollte ein Zeichen setzen für den Aufbruch – der bislang ausblieb – und wurde ein Publikumsmagnet. Den jungen Architekten verschaffte er den Durchbruch, dieser Ausstellungspavillon, in dem Senat und Großinvestoren ihre Bauvorhaben präsentieren. Ob in Düsseldorf oder in München, ob in Nürnberg oder in Erfurt: Die beiden Frankfurter Architekten sind vielerorts gefragt. Das Œuvre von Schneider und Schumacher, die seit 1986 ein gemeinsames Büro betreiben, umfaßt über hundertzwanzig Projekte – dreißig wurden bislang realisiert – vom Arbeitstisch bis zum gläsernen Agenturgebäude.

Auch Leipzig kennen die beiden nicht erst seit dem Bau der KPMG-Niederlassung. Als sich die Architekten 1994 mit ihren Entwürfen am Wettbewerb für die Neugestaltung des Augustusplatzes beteiligten, waren sie unversehens nicht nur mit architektonischen Problemen der Stadt konfrontiert. Dort, wo der erste »sozialistische Platz« der vergangenen Republik seine monumentale Leere ausbreitet, wo sich einst die bestellten Paraden und Aufmärsche einfanden, sind die Zerstörungen jedem Bürger präsent – einmal mehr: Leipzig, die geschundene Stadt! Seit den 1968 von Ulbricht verfügten Sprengungen der Universitätskirche und des alten Augusteums hat das Geviert im Zentrum jeden Charakter verloren. Nach der Wende träumten viele vom Wiederaufbau des alten Ensembles. Andere wollten den Platz so belassen, wie er ist, als Mahnmal für all die politisch motivierten Abrisse. Aber sollte man dem Platz nicht wenigstens seine alten Dimensionen wiedergeben? Die Ausschreibung ließ dies offen. Nur eines war verbindlich: Eine Tiefgarage sollte unter dem Platz installiert werden. Da Schneider und Schumacher nun einmal nichts beschönigen wollen, machten sie den Vorschlag, die alte Asphaltoberfläche durch Glasbetonsteine zu ersetzen. So sollte die Garage erhellt werden. Und der Platz würde in der Nacht in einem magischen Licht erstrahlen.

Der Wettbewerbsbeitrag fand große Beachtung, realisiert aber wurde er nicht. Ebensowenig wie die wandlungsfähige Schwimmhalle, die Schneider und Schumacher zwischen die grauen Betonscheiben der Plattenbausiedlung Leipzig-Grünau plazieren wollten. Durch ein Sport- und Spaßbad mit Sauna und Restaurant sollte die triste Trabantenstadt ein neues Zentrum erhalten und aufgewertet werden. Die Architekten gingen weit über die Maßgaben hinaus und entwarfen eine multifunktionale Anlage. Mit einem simplen Trick: Dank eines Schiebemechanismus sollte sich das tonnenförmige Dach hochfahren lassen und das Hallenbad in ein Freibad verwandeln. Das Prinzip ist einfach wie einleuchtend: Die Architekten hatten es einer Brottrommel abgeschaut.

Über solche Entwürfe sind Schneider und Schumacher beinahe zu Spezialisten für das Bauen in amorphen Agglomerationen geworden. In Räumen ohne Eigenschaften, oft am Rande der Städte, in jener Gemengelage aus Vorortsiedlung und Verbrauchermarkt haben sie ihre Zeichen gesetzt. Das waren Experimente in Zwischenräumen – Feldversuche. Auch ihr Bürogebäude für die Werbeagentur J. Walter Thompson in Frankfurt am Main behauptet sich im Brachland. Zwischen Tankstellen und Autohäusern, Lagerhallen und Lastkähnen entstand der imposante Bau. In einer von städtebaulichen Vorgaben weitgehend befreiten Zone. Wie ein gigantisches Schaufenster präsentiert sich die 22 m hohe und 66 m lange Front zur Hanauer Landstraße. Die Architekten sind hier bis an die Grenzen des Möglichen gegangen. Die großen Glasscheiben von 1,80 m Breite und 3,35 m Höhe hängen – lediglich an den Ecken von stählernen Krallen gehalten – hochkant an Seilen, die durchgehend vom Erdgeschoß bis zum Dach gespannt sind. Jedes der 36 Seile trägt 1,6 Tonnen Gewicht. Windsog und Druck werden von den Krallen, die an horizontalen Streben befestigt sind, auf die Geschoßflächen übertragen. Auf eine die Transparenz störende Tragstruktur konnte so verzichtet werden. Dies haben Schneider und Schumacher mit den Thompson-Gebäude erstmals im großen Maßstab vorgeführt, hier entstand die erste an Stahlseilen abgehängte Doppelverglasung in Deutschland.

Die Geschichte der Architektur zeige, notierte einst Le Corbusier, »den immerwährenden Kampf um das

3, 4. Schneider + Schumacher, Info-Box, Berlin, 1994/ 1995. Die Info-Box ist Schaukasten für die Berliner Bauprojekte, Publikumsmagnet und Wahrzeichen. Der über 60 m lange Bau ruht auf 7 m hohen Stahlrohrstützen und ist rundum mit rotem Blech verkleidet. (Photos: Jörg Hempel.)

3, 4. Schneider + Schumacher, Info-Box, Berlin, 1994/ 1995. The Info-Box is a showcase for the Berlin building projects, a great draw for the public and a landmark. The building is over 60 m long and stands on 7 m high tubular steel supports; it is clad all round in red sheet metal. (Photos: Jörg Hempel.)

the public. This exhibition pavilion in which the Senate and the major investors present their building projects was a breakthrough for the young architects. Whether in Düsseldorf or Munich, in Nuremberg or Erfurt, the two Frankfurt architects are much in demand. Schneider and Schumacher have been running an office together since 1986, and their œuvre includes over a hundred and twenty projects – of which thirty have so far been realized – from a work desk to a glass building for an agency.

The KPMG Building was not the pair's first introduction to Leipzig either. When they entered their plans for a new design for Augustusplatz in 1994, they were unexpectedly confronted with something more than just the city's architectural problems. On the site where the first »socialist square« of the former Republic spreads out its monumental emptiness, where the required parades and march-pasts used to take place, the extent of the destruction is clear to every citizen – once more, Leipzig, the ill-treated city! Since the blowing up of the University Church and the old Augusteum, ordered by Ulbricht in 1968, the central square has lost all its character. After the fall of the Wall many people dreamed that the old ensemble might be rebuilt. Others wanted to leave the square as it is, as a warning to future generations about politically motivated demolition. But should the square not at least be restored to its own dimensions? The brief left this open. Only one thing was binding: there was to be a car-park under the square. As Schneider and Schumacher did not want to prettify anything, they suggested that the old asphalt surface should be replaced with glass and concrete slabs. That would provide illumination for the car-park. And the square would be bathed in a magical light at night.

The competition entry received a great deal of attention, but it was not realized. And neither was the adaptable indoor swimming pool that Schneider and Schumacher wanted to place among the grey concrete slabs of the Leipzig suburb of Grünau. This desolate satellite town was to be given a new centre and revalued with a sport and leisure pool with sauna and restaurant. The architects went well beyond the specification and designed a multi-functional complex. With one simple trick: a sliding mechanism meant that the barrel roof could be raised and the indoor pool made open-air. The principle is as simple as it is plausible: the architects had copied it from a bread-bin.

Designs of this kind have almost made Schneider and Schumacher into specialists in building in amorphous agglomerations. They have made their mark in spaces without any qualities, often on the edge of the town, in that jumble of suburban estate and consumer market. These were experiments in gaps – experiments in the field. Their offices for the J. Walter Thompson advertising agency in Frankfurt is on waste land as well. An imposing structure was created between petrol stations and car dealers, warehouses and barges. In a zone largely free of town planning restrictions. The façade on Hanauer Straße is 22 m high and 66 m long, like a gigantic shop window. The architects have gone to the boundaries of the possible here. The large glass panes, 1.8 m high and 3.4 m wide, are held by steel claws only at their corners, and suspended on end from cables running through from the ground floor to the roof. Each of the 36 cables carries 1.6 tons of weight. Wind suction and pressure are transmitted to the floors by the claws, which are fastened to horizontal braces. This meant that is was possible to do without a support structure that would have impeded transparency. Schneider and Schumacher demonstrated this on a large scale for the first time with the Thompson building, and this was the first double glazing suspended on steel cables in Germany.

Le Corbusier once pointed out that the history of architecture shows »the eternal struggle for light, the struggle for the window.« He went on to say that the window, in developing to its largest possible extent was taking part in »a struggle that has gone on for over a thousand years with restrictions imposed by materials«. And in 1929, when Le Corbusier wrote this, the restrictions were still considerable. It was not until the mid seventies that innovations in the manufacture of glass

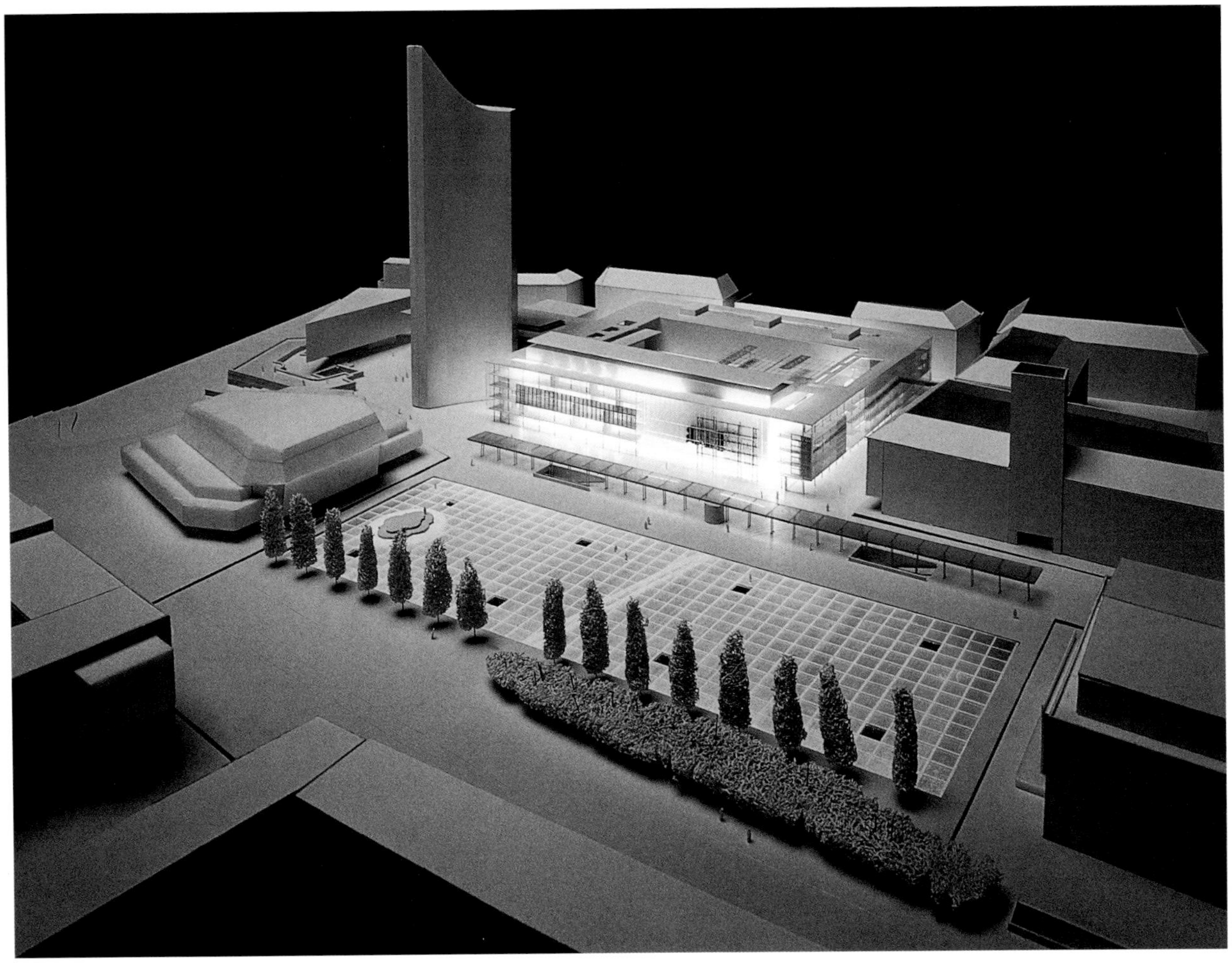

Licht, den Kampf um das Fenster«. In seiner Entwicklung zur größtmöglichen Ausdehnung nämlich stehe das Fenster »in mehr als tausendjährigem Kampf mit den durch das Material bedingten Einschränkungen«. Und die waren 1929, als Le Corbusier dies schrieb, noch groß. Erst Mitte der siebziger Jahre ließen die Innovationen bei der Herstellung von Glas Realität werden, wovon die Architekten der Moderne träumten: die gänzlich gläserne Fassade.

Das Thompson-Gebäude macht deutlich, wie schnell sich die Technik konstruktiver Glasfassaden entwickelt hat. Das ist kein herkömmlicher Curtain Wall mehr, wie ihn Gropius mit seinem Faguswerk entwickelt hatte und später am Dessauer Bauhausgebäude perfektionierte, was seitdem wieder und wieder nachgeahmt wurde. Ein Gitter von Profilen, das die Scheiben hält, ist nun nicht mehr nötig. An die Stelle von Glasflächen, die vom Lineament eines Rasternetzes, von Sprossen und Abdeckleisten, überzogen sind, tritt eine glatte Fläche. Fast direkt, rahmenlos, nur durch knappe Silikonfugen unterbrochen, stoßen die Scheiben aufeinander. Das Resultat ist ein schieres Vergnügen. Die kristalline Front hat suggestive Kraft.

Bauen mit Glas wurde stets mit Esprit und Emphase propagiert – Glas ist der Komplize des Lichts. Mit seinem Glashaus wollte der Baumeister Bruno Taut 1914 demonstrieren, »was Glas zur Erhöhung des Lebensgefühls betragen kann«. Und sein Freund, der Dichter Paul Scheerbart, reimte: »Ohne Glaspalast ist das Leben eine Last.« Halb Witz, halb Weltanschauung, der Knittelvers ziert nicht zufällig eine Wand im Büro von Schneider und Schumacher.

Der Traum vom Glashaus – Generationen von Architekten waren von ihm besessen. Das Neue Bauen der zwanziger Jahre wollte konsequent das Volumen von der Masse befreien, Leichtigkeit und Helligkeit mit Hilfe großer Glasflächen verwirklichen. Mauern fielen. Wände mutierten zu dünnen Scheiben, Decken zu Platten. Angestrebt wurde ein Höchstmaß an Transparenz, die Vorhangfassaden verwandelten Fabriken, Büros und Schulen zu »Aquarien«, zu »Baukörpern ohne Bekleidung«, wie der holländische Architekt Hendrik P. Berlage bemerkte. Den Philosophen Ernst Bloch haben solche Bauten gar zu einer Diagnose des Zeitalters angeregt: »Die dicken Stoffe sind gefallen, ein durchdringender Wille reist ab. All das möchte woanders sein als dort, wo es hohl steht. Die ungeheuerliche Leere, die diesen Gebilden eignet«, sei, so Bloch, »der Preis, den das Spätbürgertum für die Entmythologisierung zahlt und für die Abkehr vom Schwulst des 19. Jahrhunderts.«. Für den Philosophen, der viele Jahre in Leipzig gelehrt hat, war dieser Ausgleichswille mit der äußeren Welt »verfrüht«, denn die »südliche Lust zur Außenwelt« sei »beim gegenwärtigen Anblick der Außenwelt kein Glück«.

Die neue Welt aus Glas verhieß die Befreiung, gewiß, und brachte manch arge Beschränkung. Die gläserne Wand war teuer erkauft; Vorhänge, Sonnenbrecher oder Rolläden sollten Blendung, Überhitzung und Kälte kompensieren. Tauts und Scheerbarts Prophetien von einem »Glas-Milieu« das »den Menschen vollkommen umwandeln« und eine »neue Kultur« bringen werde, erwiesen sich als Trug. Statt der erträumten Freiheit hielten profane Hochhäuser mit banalen Glasfassaden Einzug in die Städte, Bauten, die sich noch immer im Sommer in Treibhäuser und im Winter in Kühlräume verwandeln und die nur mit aufwendigen Klimaanlagen zu nutzen sind.

5. Schneider + Schumacher, Neugestaltung des Augustusplatzes, Leipzig, 1994. Wettbewerbsbeitrag. (Photo: Jörg Hempel.)
6. Schneider + Schumacher, Schwimmhalle in Leipzig-Grünau, 1996, Wettbewerbsbeitrag. (Photo: Jörg Hempel.)

5. Schneider + Schumacher, new design for Augustusplatz, Leipzig, 1994. Competiton entry. (Photo: Jörg Hempel.)
6. Schneider + Schumacher, indoor swimming pool in Grünau, Leipzig, 1996, competition entry. (Photo: Jörg Hempel.)

made the Modern architects' dream into a reality: a façade made entirely of glass.

The Thompson building makes it clear how quickly the technology of structural glass façades has developed. This is no longer a traditional curtain wall, of the kind developed by Gropius for his Fagus factory and later perfected in the Dessau Bauhaus building, and which has been imitated over and over again ever since. A grid of bars holding the panes is now no longer needed. Glass panes covered by the lines of a grid, window bars and covering strips, have given way to a smooth surface. The panes meet almost directly, frameless, and interrupted only by slender silicone joints. The result is sheer pleasure. The crystalline façade has suggestive force.

Building with glass is always promoted with spirit and vigour – glass is the accomplice of light. Architect Bruno Taut wanted his 1914 glass building to demonstrate »what glass can contribute to raising our zest for life«. And his friend, the poet Paul Scheerbart, wrote: »Ohne Glaspalast ist das Leben eine Last.« (Without a glass palace life is a burden.) Half joke, half a piece of philosophy, it is no coincidence that this bit of doggerel decorates a wall in Schneider and Schumacher's office.

The dream of the glass building – this was an obsession for generations of architects. The New Building movement in the twenties consistently wanted to liberate volume from mass, and to create lightness and brightness with the help of large areas of glass. Walls fell. Inside walls mutate into thin screens, ceilings into slabs. The aim is the greatest possible degree of transparency, the curtain façades transformed factories, offices and schools into »aquariums«, into »unclad buildings«, as the Dutch architect Hendrik P. Berlage put it. Indeed buildings of this kind even moved philosopher Ernst Bloch to a diagnosis of the age: »The thick materials have fallen, a penetrating will is going away. All that would like to be somewhere other than places where it is hollow. The enormous emptiness, that is suited to these structures«, says Bloch, is »the price paid by the late bourgeoisie for demythologization and for turning away from the bombast of the 19th century.« For this philosopher, who had taught in Leipzig for many years, this will for reconciliation with the outside world was »premature«, as the »southern desire for the outside world« is »not a source of happiness given the present view of the outside world«.

Certainly this new glass world promised liberation, but brought some quite severe restrictions with it. The glass wall was dearly bought; curtains, sun-breaks or blinds were intended to compensate for dazzle, heat or cold. Taut's and Scheerbart's prophecies of a »glass milieu« that would »completely transform man« and bring a »new culture« turned out to be a delusion. Instead of the liberation that they dreamed of, profane high-rise buildings with banal glass façades found their way into our cities, buildings that still turn into greenhouses in summer and refrigerators in winter, and that can only be used with expensive air-conditioning plants.

This is not the case with Schneider and Schumacher's buildings. For example, the bar-free insulating glass façade of the Thompson building has a two-fold use: it provides protection against noise and is a heat buffer. This glass skin performs new functions. It can cope with changing climatic and light conditions and contribute to reducing the building's energy consumption. The building's total requirements are cut by a quarter. No air-conditioning is needed.

The architects have refined these advantages even further in the KPMG Building: the atrium and the glass structure in front do not just serve as a thermal protection zone capturing light and heat, but also helps the air to circulate. The processed air is sucked out below the glass roof and can then be ducted to the offices.

Schneider and Schumacher try to explore every possibility and to bush the boundaries back even further. The experimental line of their work is not a random

Das ist bei den Gebäuden von Schneider und Schumacher anders. Die sprossenlose Isolierglasfassade des Thompson-Gebäudes etwa hat gleich einen zweifachen Nutzen: Sie fungiert als Lärmschutz und als Wärmepuffer. Diese gläserne Haut erfüllt neue Funktionen. Sie kann wechselnden Klima- und Lichtverhältnissen gerecht werden und dazu beitragen, den Energieverbrauch des Gebäudes zu senken. Der gesamte Bedarf des Hauses vermindert sich so um ein Viertel. Eine Klimaanlage ist überflüssig.

Beim KPMG-Gebäude haben die Architekten diese Vorteile noch ein wenig verfeinert: Atrium und Glasvorbau dienen nicht nur als thermische Schutzzone, die Licht und Wärme einfängt, sondern zugleich der Luftzirkulation. Die aufbereitete Luft wird unterhalb des Glasdaches abgesaugt und kann so den Bürobereichen zugeführt werden.

Schneider und Schumacher versuchen, Möglichkeiten auszuloten, die Grenzen stets aufs Neue zu verschieben. Der experimentelle Duktus ihrer Arbeiten kommt nicht von ungefähr. Sie haben bei Peter Cook gelernt, dem fröhlichen Rebellen, der in den sechziger Jahren mit der Avantgardegruppe Archigram die Architekturwelt provozierte. 1986, nach gemeinsamen Studienjahren in Kaiserslautern, hatte es die beiden Rheinländer an den Main gezogen, an die berühmte Städelschule in Frankfurt, wo Peter Cook lehrte. Die Zeit als postgraduierte Studenten in seiner internationalen Architekturklasse war prägend. Hier wurde experimentiert. Und ausgiebig diskutiert. Anpassung war kein Thema, Mimikry verpönt.

Damals, als sich die Architektur mehr und mehr historisierender Formen bediente, allenthalben Säulen und Simse, Giebel und Gauben gezeichnet wurden, zählten hier an diesem ehrwürdigen, aber unruhigen Institut allein die Konzepte. Bauen im historischen Kontext? »Das Studium«, beschrieb Peter Cook sein ambitioniertes Gegencurriculum, »ist auf Forschung ausgerichtet.« Und damit meinte er nicht etwa das Studium der Architekturgeschichte. Nein, in seinem Laboratorium wurden Klangräume und Künstlerviertel entworfen, Ballons, die mit Hochhäusern Verbindung aufnehmen sollten und Stahlkonstruktionen, »denen zweitklassige Gebäude als Nährbasis dienen«.

Ausholende Analysen, die bisweilen ans Subversive grenzten, waren wichtiger als voreilige Schlüsse. Selbst gänzliche Verweigerung wurde akzeptiert. Das Resultat einer Aufgabe, gab Peter Cook zu bedenken, müsse kein Bauwerk sein. So kam man bei manchen Übungen zu dem Schluß, daß da keine noch so ausgefeilte Architektur weiterhelfen könne. »Mehr Denken – weniger Disziplin« war das Motto, und das meinte das Erkennen der Grenzen der eigenen Profession. Auch das Rollenspiel gehörte dazu. Der Lehrer, pflegte Cook zu sagen, sei Schüler seiner Studenten. Omnipotenzphantasien sollten erst gar nicht aufkommen. Entscheidend allein war die Stringenz der Argumente – und ein Augenzwinkern. Fröhliche Wissenschaft!

Till Schneiders Wolkenkratzer-Entwurf, der damals am Städel entstand, war so ein Projekt, das eine Idee im Cookschen Sinne konsequent durchspielte. Auf die Gliederung des Baukörpers in Sockelzone, Schaft und Spitze, wie es in der achtziger Jahren wieder populär war, hatte Schneider bewußt verzichtet. Sein Augenmerk galt der Vertikalbewegung eines kristallin anmutenden Körpers im Licht. Er wählte eine hyperbolische Form, die sich aus der Rotation um einen Kern ergibt. Dadurch changiert die Fassade des Gebäudes – je nach Lichtverhältnis und Blickwinkel. Mal erscheint das Glas als Paneel, mal als Spiegel, mal als Haut. Die Irritation ist gewollt. Der ständige Wechsel von Transparenz, Transluzenz und Verschleierung ermöglicht ganz unterschiedliche Wahrnehmungen. »Die Kühnheit des Projekts«, lobte Peter Cook, müsse »all jene beunruhigen, die ein vorstellungsarmes Leben in der Architektur schätzen«. Schon früh haben Schneider und Schuma-

7. Schneider + Schumacher, Bürogebäude der Werbeagentur J. Walter Thompson GmbH, Frankfurt am Main, 1992–95. Das Gebäude behauptet sich in der Frankfurter Peripherie, zwischen Tankstellen und Autohäusern, Speditionen und Lagerhallen. (Photo: Waltraud Krase.)
8. Schneider + Schumacher, Bürogebäude der Werbeagentur J. Walter Thompson GmbH, Frankfurt am Main. Bei Nacht entmaterialisiert sich die Glasbox, und das Gebäude verwandelt sich in ein gigantisches Schaufenster. (Photo: Jörg Hempel.)
9. Till Schneider, Wolkenkratzer, 1988, Projekt.
10. Schneider + Schumacher, Hochhaus am Westhafen, Frankfurt am Main, 1996–. (Photo: Jörg Hempel.)

7. Schneider + Schumacher, offices for the J. Walter Thompson GmbH advertising agency, Frankfurt am Main, 1992–95. The building holds its own on the edge of Frankfurt, among petrol stations and car lots, transport firms and warehouses. (Photo: Waltraud Krase.)
8. Schneider + Schumacher, offices for the J. Walter Thompson GmbH advertising agency, Frankfurt am Main. At night the glass box dematerializes and the building is transformed into a gigantic shop window. (Photo: Jörg Hempel.)
9. Till Schneider, skyscraper, 1988, project.
10. Schneider + Schumacher, high-rise building by the Westhafen, Frankfurt am Main, 1996–. (Photo: Jörg Hempel.)

phenomenon. They were taught by Peter Cook, the cheerful rebel who provoked the architectural world with the avant-garde group Archigram in the sixties. In 1986, after studying together in Kaiserslautern, the two Rhinelanders were drawn to the Main, to the famous Städelschule in Frankfurt where Peter Cook taught. The period they spent in his international class as post-graduate students was crucial to their development. Experiments were carried out here. And there was plenty of discussion. Conformity was not on the agenda, mimicry was taboo.

At that time, when architecture was increasingly turning to historicist forms, and columns and cornices, gables and dormer windows were being drawn everywhere, only concepts counted at this venerable but restless institution. Building in a historical context? »The course«, said Peter Cook of his ambitious counter-curriculum, »is directed at research.« And he did not mean the study of architectural history. No, sound-spaces and artists' quarters were designed in his laboratory, balloons intended to link up with high-rise buildings and steel structures »that feed on second-class buildings«.

Wide-ranging analyses, sometimes bordering on the subversive, were more important that over-hasty conclusions. Even total refusal was accepted. Peter Cook suggested that the result of an exercise did not have to be a building. This some work led to the conclusion that no architecture could help, however polished it was. »More thought – less discipline« was the motto, and that meant recognizing the limitations of one's own profession. The teacher, Cook used to say, is his students' pupil. There should be absolutely no sign of omnipotence fantasies. The only decisive factor is the compelling nature of the arguments – and a wink of the eye. Happy science!

Till Schneider's skyscraper design produced at the Städel, was one of the projects that worked an idea right through in the way intended by Cook. Schneider deliberately chose not to articulate the building as base zone, shaft and tip, in the way that had become popular again in the eighties. He had his eye above all on the vertical movement of a seemingly crystalline building in light. He chose a hyperboloid shape produced by rotation around a core. This means that the façade of the building changes according to the light and the angle from which it is viewed. Sometimes the glass seems like a panel, sometimes like a mirror, sometimes like a skin. The disturbing quality is intentional. The constant alternation of transparency, translucency and veiling makes a whole range of perceptions possible. Peter Cook praised it highly: »The boldness of the project is bound to disturb all those who like a life of impoverished imagination in architecture.« Schneider and Schumacher defined their themes at an early stage: plumbing the constructive possibilities of building with glass.

Unlike Peter Cook, the two architects rapidly changed their intellectual edifice into architectural reality. The master looked on in astonishment. »Yet as a teacher for many years you become familiar with high talent«, was his comment on his pupils' rapid rise, »that becomes buffeted or tranquillised by the pressures and niceties of Western Civilisation: the talent becomes a memory. Unless there is another factor. My late friend Reyner Banham and I used to discuss our friends in terms of whether they have a mysterious killer instinct which could enable their eyes to narrow, their hands to weave, their trajectory to straighten ... and their ability to listen to discussion continue whilst referring the conclusions back to their own work. Till and Michael have intensified this instinct.«

Are killers advancing here? Is their architecture ruthless? Certainly Schneider and Schumacher's work is rich in fantasy and wide-ranging experiments. But their buildings certainly do not ignore their surroundings. The Thompson building, for example, that seems to distance itself so arrogantly from its neighbours at first glance, is very probably a building that is in close contact with the profane world. Glass, steel, concrete and sheet metal: the materials used reflect the architectural context, which is determined by warehouses, petrol stations and car lots – that too is building in the existing stock.

Precisely speaking, the KPMG is not a foreign body, but fits skilfully in with the urban structures of the Südvorstadt in Leipzig, picking up the volumes and eaves heights of the neighbouring buildings. In Beethovenstraße, opposite the long façade of the prison, the building presents its glass façade, broken only by a staircase tower. But in intricately structured Münzgasse the façade consists of three parts, each relating to the old buildings in terms of length. Here too the architects wanted to create a fluent transition: the KPMG Building adapts to the eaves height of the adjacent building by being staggered back and stepped in its sixth storey. The transition to the old buildings is clad in slats and thus actually does mediate between the old pierced façades and the glass walls of the KPMG Building.

The young architects, over-hastily written off as glass-builders in Leipzig, no longer persist in their old opposition. Glass or stone, this is not a question – at least for Schneider and Schumacher – that sparks off religious wars. But they are not prepared to submit to rigid thought patterns. They have already worked in stone, but not as a compulsion. But even this credo can often be seen as a provocation. Building in the historical stock: is it possible to justify only a stone-clad façade?

It was also difficult to square the KPMG project with Leipzig monument protection. »One problem«, remembered Till Schneider, »was that we found it very difficult to convey the subtle effects of glass. The model could scarcely demonstrate all the different reflections and related views.« The client, the Leipzig KPMG boss Peter Wesner, also remembers with horror: He said that he felt »like Don Camillo« as he ran around everywhere saying: »I am constructing the most beautiful building in Leipzig.«

Monument preservationists and building officials saw things differently. They saw the very fact that the architects wanted to put a glass building in a Gründerzeit district that was largely intact – at least in terms of the building substance – as an act of disobedience. Concessions were demanded. The city officials said that the façade of the building must include at least five per cent of stone. The project was constantly in danger.

Even the best arguments did not seem to help. Were the two architects really to follow the example of all those mediocre Post-Modern designs that West German offices were cashing in on? Certainly Leipzig can claim the top position of any East German city in the competition for the largest excavation pits and the most cranes, but the architectural quality of the second Gründerzeit is not very convincing. Quite ordinary con-

cher ihre Themen definiert: das Ausloten der konstruktiven Möglichkeiten und das Bauen mit Glas.

Ihre Gedankengebäude haben die beiden Architekten – anders als Peter Cook – schnell in architektonische Realität verwandelt. Der Meister sah es mit Staunen. »Als langjähriger Lehrer lernt man hochtalentierte Menschen kennen«, kommentierte Cook die steile Karriere seiner Schüler, »die durch den vielfältigen Druck und die Annehmlichkeiten der westlichen Zivilisation gedämpft oder eingelullt werden: Das Talent wird zum Erinnerungsstück. Es sei denn, es kommt ein anderer Faktor ins Spiel. Mein verstorbener Freund Reyner Banham und ich pflegten über unsere Freunde zu diskutieren, wobei wir uns fragten, ob sie jenen mysteriösen ›Killerinstinkt‹ hätten, durch den ihre Augen sich verengten, die Hände sich einpendelten, ihre Wurfbahn einen geraden Kurs annahm ... und die Fähigkeit, bei einer Diskussion weiterhin zuzuhören, während sie gleichzeitig Schlußfolgerungen daraus auf die eigene Arbeit übertrugen. Till und Michael haben diesen Instinkt intensiviert.«

Sind hier Killer auf dem Vormarsch? Ist ihre Architektur rücksichtslos? Kompromißlos? Ohne Bezug zum Ort und den umliegenden Gebäuden? Gewiß, das Œuvre von Schneider und Schumacher ist reich an Phantasien und ausholenden Experimenten. Aber ignorant gegenüber der Umgebung sind ihre Bauten gewiß nicht. Das Thompson-Gebäude etwa, das sich auf den ersten Blick so hochmütig von seiner Nachbarschaft zu distanzieren scheint, ist sehr wohl ein Haus mit Tuchfühlung zur profanen Welt. Glas, Stahl, Beton und Blech: Die verwendeten Materialien reflektieren den baulichen Kontext, der von Lagerhallen, Tankstellen und Autohäusern geprägt wird – auch das ist Bauen im Bestand.

Genau besehen ist selbst das KPMG-Gebäude kein Fremdkörper, sondern ordnet sich geschickt in die urbanen Strukturen der Leipziger Südvorstadt ein, nimmt Proportionen, Volumina und Traufhöhen der Nachbarhäuser auf. In der Beethovenstraße, gegenüber der langen Front des Gefängnisses zeigt der Bau seine nur von einem Treppenturm unterbrochene Glasfront. In der kleinteilig bebauten Münzgasse hingegen besteht die Fassade aus drei Teilen, die sich in ihrer Länge jeweils an den alten Häusern orientieren. Auch hier haben die Architekten einen fließenden Übergang schaffen wollen: Durch Rückstaffelung und Abstufung des sechsten Geschosses schließt das KPMG-Gebäude an die Traufhöhe des Nachbarhauses an. Der Übergang zur alten Bebauung ist mit Lamellen verkleidet und vermittelt so tatsächlich zwischen den alten Lochfassaden und den Glaswänden des KPMG-Gebäudes.

Die jungen Architekten, in Leipzig vorschnell zu Glasbaumeistern abgestempelt, verharren nicht mehr in alter Opposition. Glas oder Stein – an dieser Frage entzünden sich – bei Schneider und Schumacher zumindest – keine Glaubenskriege. Aber festgefahrene Denkmuster lassen sie nicht gelten. Sie haben auch bereits mit Stein gearbeitet, aber nicht zwanghaft. Doch schon dieses Credo gerät oft zur Provokation. Bauen im historischen Bestand: Hat da wirklich nur eine mit Stein verkleidete Fassade Berechtigung?

Auch der Leipziger Denkmalpflege war das KPMG-Projekt nur mit Mühe nahezubringen. »Eine Schwierigkeit bestand darin«, erinnert sich Till Schneider, »daß wir die subtilen Wirkungen des Glases nur schwer vermitteln konnten. Am Modell ließen sich die Spiegelungen, Reflexionen und Blickbeziehungen kaum demonstrieren.« Auch der Bauherr, der Leipziger KPMG-Chef Peter Wesner, erinnert sich mit Schrecken: »Wie Don Camillo« sei er sich vorgekommen, als er überall hinrannte und sagte: »Ich baue das schönste Gebäude Leipzigs.«

Denkmalschützer und Baubeamte sahen dies anders. Allein die Tatsache, daß die Architekten in ein – zumindest in der Bausubstanz – weitgehend intaktes Gründerzeitviertel ein Glashaus setzen wollten, betrachteten sie als Akt des Ungehorsams. Man verlangte Konzessionen. Die Fassade des Gebäudes müsse, beschieden die städtischen Verantwortlichen, mindestens einen Anteil von fünf Prozent Stein aufweisen. Immer wieder war das Projekt in Gefahr.

Da schienen die besten Argumente nichts zu helfen. Sollten den beiden Architekten wirklich jene mediokren Entwürfe postmoderner Provenienz als Vorbild dienen, mit denen westdeutsche Büros vor Ort Kasse machen? Zwar kann Leipzig im Wettlauf um die größten Baugruben und die meisten Kräne einen Spitzenplatz unter den ostdeutschen Städten verbuchen, doch die architektonische Qualität der zweiten Gründerzeit ist in der Regel wenig überzeugend. Hinter mit Natursteinplatten verkleideten Fassaden verbergen sich zumeist ganz gewöhnliche Betonkonstruktionen – kaum eine Applikation ist aufwendig genug. Als »Keksrollen« werden die neuen zylindrischen Ecktürmchen in Leipzig mittlerweile verspottet. Doch die Denkmalpflege ließ sich nicht beirren. Stein mußte es sein. Vorwärts in die Vergangenheit! Beinahe jedenfalls wäre es so gekommen, wenn nicht zu guter Letzt der externe Städtebaubeirat geholfen hätte, das Projekt durchzusetzen.

»Eine feste Burg ist unser Gott«: In Leipzig, wo einst Bach den alten lutherischen Choral neu vertonte, gibt es sie heute noch, die Vorliebe für alles Steinernschwere. Martialisch steht das Völkerschlachtendenkmal weithin sichtbar im Süden der Stadt, steinerne Einschüchterung aus Granitporphyr; ein düsterer Monumentalbau, den die Nazis als Aufmarschkulissse nutzten, und der danach Ulbricht und Honecker zur Demonstration deutsch-sowjetischer Waffenbrüderschaft diente. Eine feste Burg – hier inszenierte sich die »wahre deutsche Nation«, die DDR. Heute dient das Denkmal Pop- und Klassikkonzerten als Kulisse, und im finsteren Gemäuer feiern Gruftis und Gothic-Fans ihre Feten. Der dunkle Koloß hat – ebenso wie die Südvorstadt – alle Epochen überlebt und ist erstaunlich populär geblieben – nicht nur bei den Ewiggestrigen. Auch Künstler nutzen den Bau als Aktionsraum. Während des Krieges in Bosnien projizierte Jenny Holzer nachts aufrüttelnde Texte auf das Monument.

Und auf einmal fielen unverrückbar geglaubte Grenzen. Heißt Bauen mit Stein immer nur Einschüchterung? Und umgekehrt: Sind transparentes Bauen und Aufklärung per se synonym? Immer wieder haben Architekten die Begriffe »Einblick« und »Einsicht« gleichgesetzt, jede Glaswand als ein Stück materialisierte Demokratie gefeiert und jede Säule als ein Stück steingewordene Macht geschmäht. Glas versus Stein – der alte Gegensatz: Im Eifer des Gefechts übersah man, daß die gläserne Welt zwar Grenzüberschreitungen des Auges erlaubt, daß aber auch die lichtdurchlässige Wand, die innen und außen scheinbar verwischt, eine hermetische Barriere bilden kann.

Für Schneider und Schumacher haben die alten Transparenz-Methaphern ohnehin an Bedeutung ver-

11. Schneider + Schumacher, KPMG-Gebäude, Leipzig, 1994–98. In der Glasfassade spiegeln sich die Nachbargebäude aus der Gründerzeit. (Photo: Jörg Hempel.)
12. Schneider + Schumacher, KPMG-Gebäude, Leipzig. Die Fassade teilt sich zur Münzgasse analog der einstigen Parzellierung in deutlich voneinander abgesetzte Abschnitte. Dort, wo das Gebäude an den Bestand angrenzt, ist die Fassade mit Lamellen verkleidet. (Photo: Jörg Hempel.)

11. Schneider + Schumacher, KPMG Building, Leipzig, 1994–98. Neighbouring Gründerzeit buildings are reflected in the glass façade. (Photo: Jörg Hempel.)
12. Schneider + Schumacher, KPMG Building, Leipzig. The façade in Münzgasse follows the earlier parcelling in sections that are clearly separated from each other. The façade is clad in slats at the point where the building meets the older stock. (Photo: Jörg Hempel.)

crete structures are usually hidden behind façades clad in natural stone – there is scarcely an application that is lavish enough. The new cylindrical corner towers in Leipzig are now mocked as »biscuit packets«. But the monument preservationists would not be put off their stroke. Stone it must be. Forward into the past! At least that is what would have happened if the external town planning advisory committee had not helped to implement the project.

»A safe stronghold our God is still«: in Leipzig, where Bach once provided a new setting for the old Lutheran chorale, there is still a preference for the weight of stone. The memorial to the Battles of the Nations stands martially in the south of the city, visible for great distances, stone intimidation in granite porphyry; a gloomy monumental structure that the Nazis used as a backdrop for parades and that Ulbricht and Honecker then took over to demonstrate the German-Soviet brotherhood of arms. A safe stronghold – this is where the »true German nation«, the GDR, presented itself. Today the monument is used as a backdrop for pop and classical concerts, and tomb freaks and Gothic fans hold their festivals inside the dark walls. Like the Südvorstadt, this dark colossus has survived all epochs and has remained astonishingly popular – and not just those concerned with all our yesterdays. Even artists use the building as a campaign space. Jenny Holzer projected provocative texts on to the monument at night during the Bosnian war.

And all at once boundaries that seemed unshakeable broke down. Can building in stone only mean intimidation? And conversely: are transparent building and enlightenment synonymous per se? Architects have constantly equated the concepts of »looking in« and »insight«, celebrating every glass wall as a piece of democracy made material and reviling every column as a piece of power turned into stone. Glass versus stone – the old contrast: but in the heat of battle the fact was overlooked that the glass world may permit the eye to cross boundaries, but that the transparent wall, that seems to blur inside and outside, can also form a hermetic barrier.

The old transparency metaphors have lost their significance for Schneider and Schumacher anyway. They build in glass as a sophisticated game with light and shade, with translucency and transparency. They demonstrated this with the KPMG Building: the white grid points on the south-west façade control the incidence of light and at the same time form a pattern, a veil. It is possible to look through. But not everywhere. The blazing light has given way to light that goes through a series of nuances, clarity has given way to disturbance. »Revealing« **and** »hiding« is the theme of the building, »a principle of openness, and potential intimacy« is the motto that was also followed inside. The various levels are light and manageable. There is no hierarchy in the character of the rooms. All the offices in the wings where they are placed on both sides of the corridor are light because of the floor-to-ceiling glazing and have the same, none-too-lavish dimensions. But the corridors are generous in size, being as wide as the offices are deep. Here again we find the polarity of seclusion and openness, withdrawal and inclusion. Anyone who wants to can go back into his little office and let down the blinds – or share the large corridor with the others. Everything that KPMG employees share is here in the corridor: little open kitchens, groups of seats and the library.

This is not building that sees itself as compelled to be original. Schneider and Schumacher mention a series of practical reasons for working with glass. The energy balance, the mass availability of glass and the heat penetration process are the chief of them. »Unlike stone«, says Michael Schumacher, explaining his preference for the other building material, »glass has dynamic qualities – which is the main difference between the two building materials. Stone is inflexible, opaque and heavy. But a glass wall can change colour, and be

loren. Das Bauen mit Glas betreiben sie als sublimes Spiel mit Licht und Schatten, mit Transluzenz und Transparenz. Mit dem KPMG-Gebäude haben sie es vorgeführt: Die weißen Rasterpunkte an der Südwestfassade dosieren den Lichteinfall und bilden zugleich ein Muster, einen Schleier. Durchblicke sind möglich. Aber nicht überall. Das gleißende Licht ist einem stufenreich nuanciertem Licht gewichen, die Klarheit der Irritation. »Enthüllen« **und** »Verbergen« ist das Thema des Gebäudes, »prinzipielle Offenheit und potentielle Intimität« das Motto, das auch im Inneren umgesetzt wurde. Die Etagen sind licht und übersichtlich. Auf eine Hierarchie im Zuschnitt der Räume wurde verzichtet. Alle Büros in den zweibündig angeordneten Flügeln sind durch die geschoßhohe Verglasung hell und haben die gleichen, nicht gerade üppigen Ausmaße. Dafür sind die Flure großzügig bemessen, sie sind so breit wie die Büros tief. Auch hier finden wir wieder die Polarität von Geborgenheit und Offenheit, Rückzug und Einbindung. Wer mag, kann sich in sein kleines Büro zurückziehen und die Rollos herunterlassen – oder aber den großen Flur mit den anderen teilen. Alles, was KPMG-Mitarbeiter gemeinsam nutzen, findet sich dort, im großen Flur: offene Teeküchen, Sitzgruppen und die Bibliothek.

Das ist kein Bauen unter Originalitätszwang. Für ihre Verwendung von Glas nennen Schneider und Schumacher eine Reihe praktischer Gründe. Die Energiebilanz, die massenhafte Verfügbarkeit von Glas und das Wärmedurchgangsverhalten stehen obenan. »Im Gegensatz zu Stein«, erläutert Michael Schumacher seine Vorliebe für den anderen Baustoff, »besitzt das Glas dynamische Eigenschaften – was der Hauptunterschied zwischen den beiden Baustoffen ist. Stein ist unflexibel, undurchsichtig und schwer. Eine Glaswand hingegen kann ihre Farbe ändern, wahlweise durchsichtig oder dunkel werden. Glas ist heute durch thermotrophe und elektrochrome Schichten soweit entwickelt, daß man Dämmwerte erreicht, die dem Mauerwerk vergleichbar sind. Heute hat niemand mehr Angst, mit Geschirr aus Glas zu kochen. Aber viele fürchten sich, in Glashäusern zu arbeiten.«

Stets mehr als lautstarke Demonstrationen haben Schneider und Schumacher technische Fragen interessiert, die Einsetzbarkeit des spröden Werkstoffs etwa. Früher hatte Glas einen entscheidenden Schwachpunkt: die mangelnde Isolierung und die fehlende Bruchsicherheit. Heute kann Glas tatsächlich mit jedem Baustoff konkurrieren. Norman Foster hat es bereits 1975 bei seinem Gebäude der Versicherungsgesellschaft Willis, Faber & Dumas in Ipswich mit einer mehrfach gerundeten, beinahe nahtlosen Glasfassade überzeugend unter Beweis gestellt. In seiner Transparenz und Kompaktheit ist dieses Gebäude für Michael Schumacher – der zweimal für kurze Zeit bei Foster in London arbeitete – eines der vollkommensten Beispiele der Glasarchitektur, ein Beispiel dafür, wie sich »Poesie und Technik« vereinen lassen. Das haben sogar die britischen Denkmalschützer erkannt. Mittlerweile steht der Bau, man staune, unter deren Schutz.

Mit Bewunderung spricht Michael Schumacher von Fosters gläsernem Gebäude, das gewiß auch eine Ermutigung war, in Leipzig mit Glas zu bauen, in dieser Stadt, der Goethe schon vor langer Zeit einen Hang zur Moderne attestierte. Die barocken Messehäuser und Handelshöfe hatten es dem Dichter angetan. »Die ungeheuer erscheinenden Gebäude, die, nach zwei Straßen ihr Gesicht wendend, in großen himmelhoch umbauten Hofräumen eine bürgerliche Welt umfassend«, seien, so schwärmte Goethe, »großen Burgen, ja Halbstädten ähnlich«.

Das war in der Tat Leipzigs Beitrag zur Architekturgeschichte: Ein dichtes Netz von Ladenstraßen und Passagen, Marktplätzen und »Durchhöfen« im Gefüge des Zentrums. Ende des 19. Jahrhunderts, mit dem Wandel von der Muster- zur Warenmesse, vollzog sich der Umbau dieses Systems. Eine Stadt in der Stadt entstand, ein Mikrokosmos unter Glas. Zwar waren die Fassaden der Messepaläste aufwendig ornamentiert, im Inneren aber ging es äußerst modern zu: Offene Gerüste aus Stahlträgern boten den Ausstellern variable Präsentationsmöglichkeiten, die Technik war stets auf den neusten Stand, früh gab es elektrisches Licht; Aufzüge und Telefon waren selbstverständlich. Obschon die Leipziger Passagen nicht zu den ersten transparent überdachten Durchgängen gehören: Man ist stolz auf die hier so einmalig gestalteten glasbedeckten Räume. Barthels Hof und Webers Hof, Specks Hof und die Mädlerpassage, allesamt renoviert, gelten zu Recht als Schmuckstücke der Stadt.

Wer kann da, im Anblick dieser filigranen Glaskonstruktionen, noch daran zweifeln, daß ein Haus wie das KPMG-Gebäude sehr wohl nach Leipzig gehört? Michael Schumacher sieht diese Wahlverwandtschaft durchaus und gerät ins Schwärmen, wenn er von den Messehöfen und Passagen der Innenstadt spricht.

Das KPMG-Gebäude steht auch in der großen Tradition der Ingenieurbauten des 19. Jahrhunderts. Die Artikulation der konstruktiven Elemente, die sichtbaren technischen Details wie horizontale und vertikale Verspannungen – all die Qualitäten, die jene Konstruktionen auszeichneten, kommen hier zu Ausdruck. Wie die Scheiben der rahmenlosen Glasfassade des Atriums abgehängt sind, gegen Windlasten versteift werden, das wird demonstrativ zu Schau gestellt. Für den Betrachter ergibt sich ein faszinierendes Bild: Stufen, Stangen, Stützen und Kragarme überlagern sich zu einem flirrenden Bild. Und im Zentrum befindet sich die Treppe, der Blickfang, der statisch gesehen zur Stabilisierung der Glasfassade des Atriums beiträgt.

Die Architekten treiben ein Spiel mit subtilen Bezügen, Verweisen und Referenzen. Das KMPG-Gebäude fügt sich ein in den Baubestand, seine zeitgemäße Form reagiert auf die Geschichte der Stadt. Schneider und Schumacher haben – ganz im Sinne von Schinkels Diktum – etwas Neues geschaffen, ohne »etwas abgeschlossenes Historisches zu wiederholen«. Oder wie Till Schneider es ausdrückt: »Das KPMG-Gebäude ist kein Affront. Aber es vermeidet jede Anbiederei.«

Jetzt fügen sich in der Leipziger Vorstadt alt und neu zu einem Ganzen. Und in der Fassade des großen Atriums spiegeln sich tagsüber die Fassaden der Gründerzeitgebäude. Einmal mehr: eine überzeugende Inszenierung von Reflexionen und Blickbeziehungen. Das Vorhandene wird weitergedacht. Am Ende ist ein neuer alter Ort entstanden, ein neues Wahrzeichen für die alte Stadt.

13. Schneider + Schumacher, KPMG-Gebäude, Leipzig, 1994–98. Alle Büros sind geschoßhoch verglast. Das Trennwandsystem MT 4 wurde von den Architekten in enger Zusammenarbeit mit der Firma VS Vereinigte Spezialmöbelfabriken GmbH & Co., Tauberbischofsheim, entwickelt. (Photo: Jörg Hempel.)
14. Foster Associates, Verwaltungsgebäude der Versicherungsgesellschaft Willis, Faber & Dumas, Ipswich, 1971–75. (Photo: Ken Kirkwood.)

13. Schneider + Schumacher, KPMG Building, Leipzig, 1994–98. All the offices are glazed from floor to ceiling. The MT 4 dividing-wall system was developed by the architects in close co-operation with VS Vereinigte Spezialmöbelfabriken GmbH & Co., Tauberbischofsheim. (Photo: Jörg Hempel.)
14. Foster Associates, offices for Willis, Faber & Dumas insurance company, Ipswich, 1971–75. (Photo: Ken Kirkwood.)

transparent or dark by choice. Thermotrophic and electrochromic layers have meant that glass has developed so far today that levels of insulation have been achieved that are comparable with masonry. Nobody is afraid to cook with glass utensils today. But many are afraid to work in glass buildings.«

Schneider and Schumacher have always been more interested in technical questions than noisy demonstrations, for example the extent to which the brittle material can be used. Glass used to have a definite weak point: lack of insulation and proneness to breaking. Today glass really can compete with any building material. Norman Foster proved this convincingly as early as 1975 with his building for the insurance company Willis, Faber & Dumas in Ipswich with a almost seamless glass façade that is rounded in several places. For Michael Schumacher – who twice worked briefly for Foster in London – this building, in its transparency and compactness is one of the most perfect examples of glass architecture, an example of how »poetry and technology« can be combined. Even the British monument preservationists have recognized this – the building, and this is astonishing, is now listed.

Michael Schumacher speaks admiringly of Foster's glass building, which certainly encouraged the use of glass in Leipzig, in this city that Goethe saw as inclining to Modernism some time ago. The Baroque trade fair buildings and commercial courtyards appealed to the poet. »These huge-seeming buildings, which, turning their faces to two streets at once, enclosing a bourgeois world in large courtyards built up to the sky«, are, according to the enthusiastic Goethe, »like great castles, indeed half cities«.

And indeed this was Leipzig's contribution to architectural history: a dense network of shopping streets and arcades, market places and »through courtyards« in the fabric of the centre. In the late 19th century, when sample shows became shows of goods, this system was rebuilt. The result was a city in a city, a microcosm under glass. The façades of the trade-fair palaces were certainly lavishly ornamented, but inside they were extremely modern: open frameworks of steel girders offered exhibitors variable presentation possibilities, the technology was always completely up to date, electric light was installed at an early stage; lifts and telephone were taken for granted. Even though the transparent Leipzig arcades are not among the first of their kind: people are proud of the glass-covered spaces that were so uniquely designed here. Barthels Hof and Webers Hof, Specks Hof and the Mädlerpassage are rightly counted among the city's adornments.

Who could still doubt, when confronted with these filigree glass structures, that a building like the one for KPMG fits in with Leipzig very well. Michael Schumacher is entirely aware of this elective affinity and becomes enthusiastic when he talks about the city centre's trade fair courtyards and arcades.

The KPMG Building is also in the great tradition of 19th-century engineering buildings. The articulation of the structural elements, the visible technical details like horizontal and vertical bracing – all the qualities that distinguished these buildings are expressed here. The way in which the panes of the frameless glass façade of the atrium are suspended and reinforced against wind loads is demonstrated vividly. A fascinating image is provided for the viewer: steps, bars, supports and cantilever arms interlock to form a shimmering image. And at the centre is the staircase, the eye-catching feature that statically serves to stabilize the glass façade of the atrium.

The architects are playing a game with sophisticated links, relationships and references. The contemporary forms of the KPMG Building respond to the existing stock, and to the history of the town. Schneider and Schumacher have created something new, absolutely precisely in the spirit of Schinkel's dictum without »repeating something that is completely historical«. Or as Till Schneider put it: »The building is not an affront. But it avoids any hint of currying favour.«

And now old and new fuse to form a whole in this part of Leipzig. And the neighbouring buildings from the Gründerzeit are reflected in the glass façade. Once more: a convincing presentation of reflections and linking views. The existing stock is thought a stage further. In the end a new old place has been created, a new symbol for the old city.

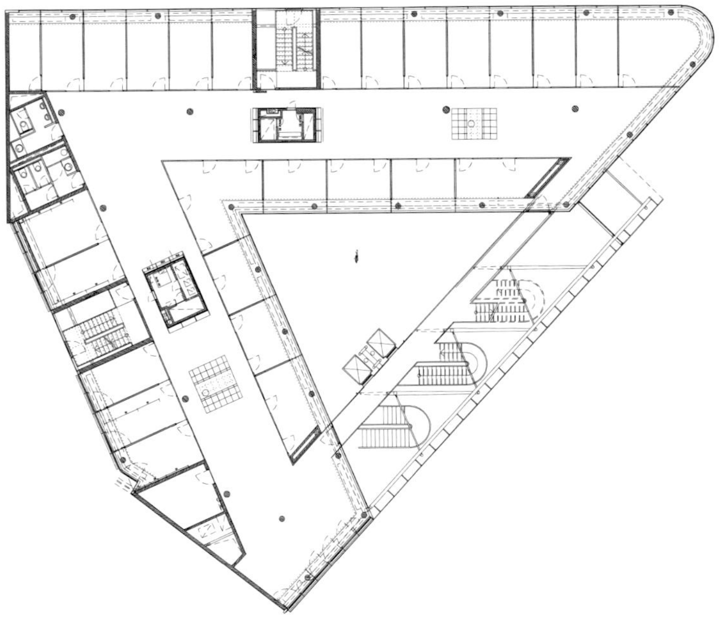

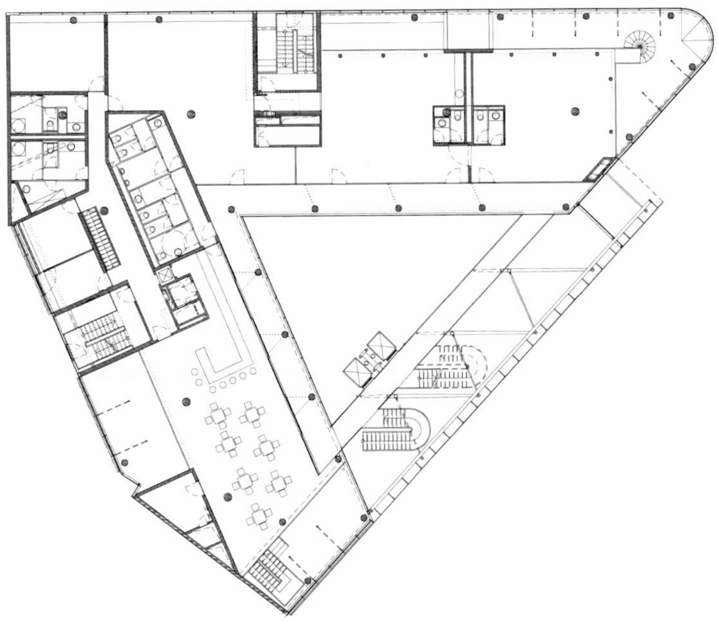

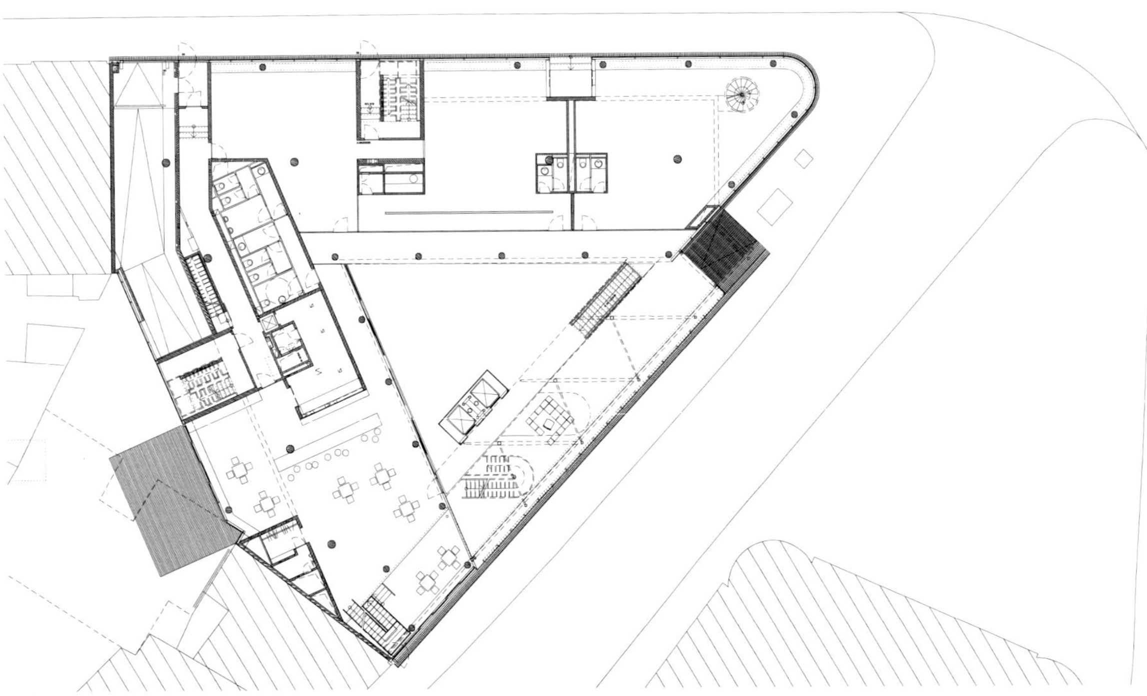

1–6. Grundrisse (Erdgeschoß, 1. Obergeschoß, 2. Obergeschoß, 3. Obergeschoß, 4. Obergeschoß, 5. Obergeschoß).

1–6. Floor plans (ground floor, 1st floor, 2nd floor, 3rd floor, 4th floor, 5th floor).

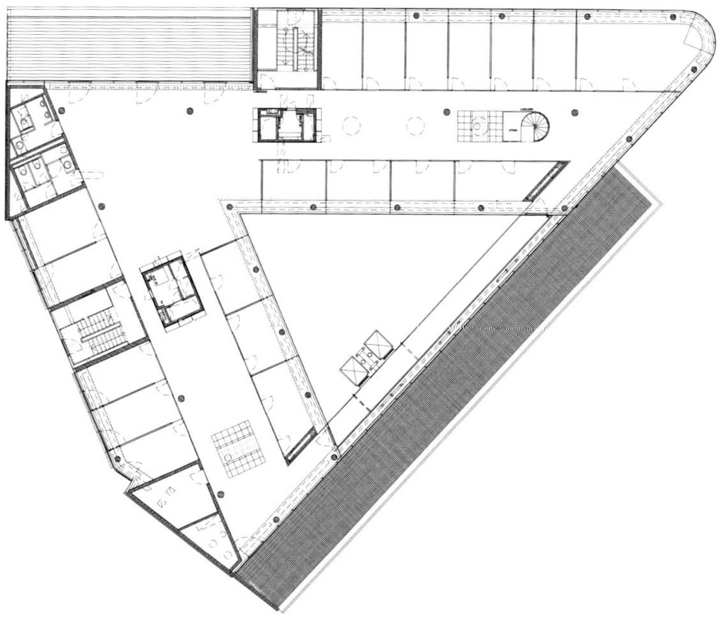

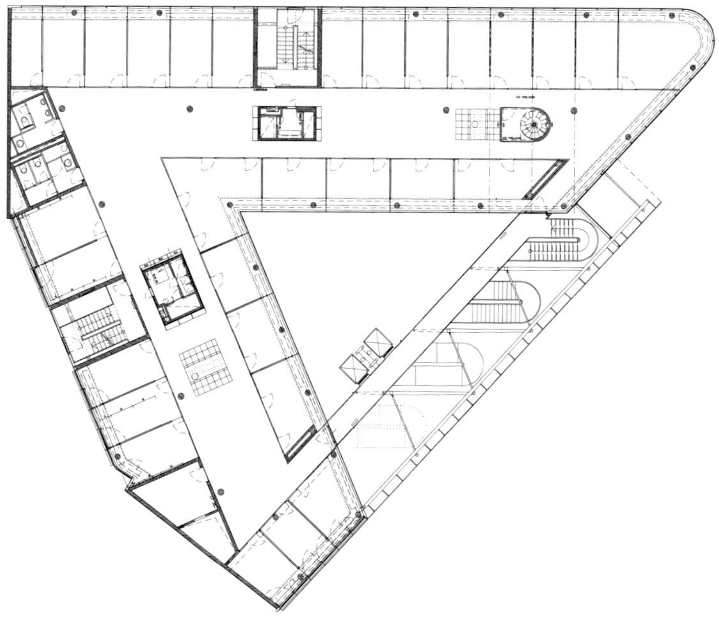

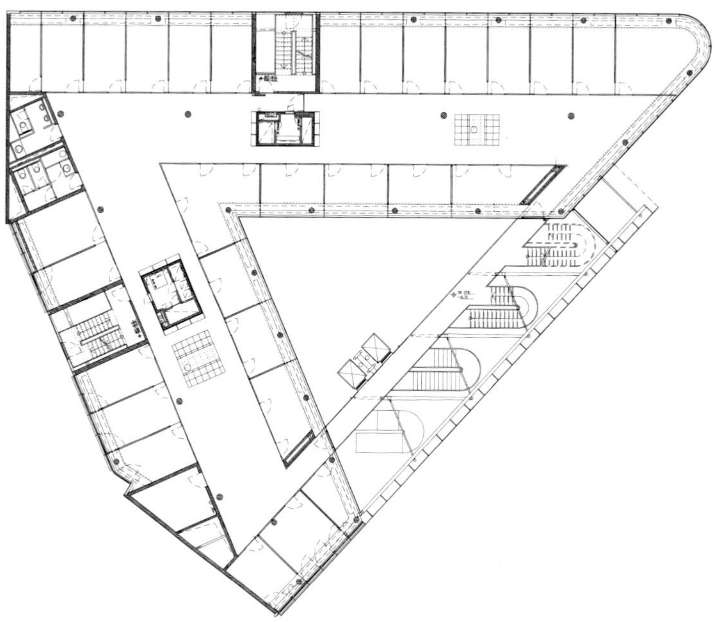

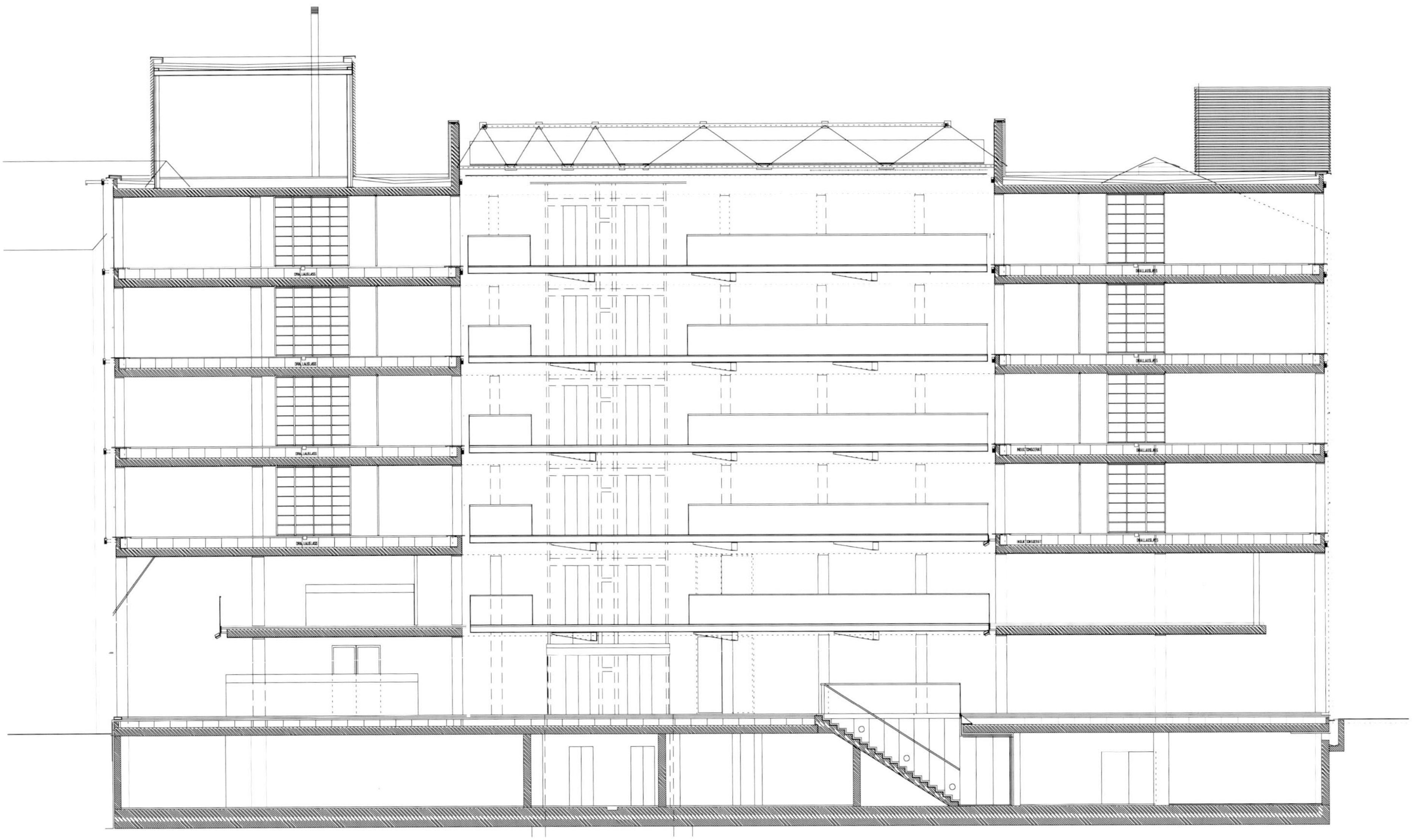

7, 8. Schnitte.

7, 8. Sections.

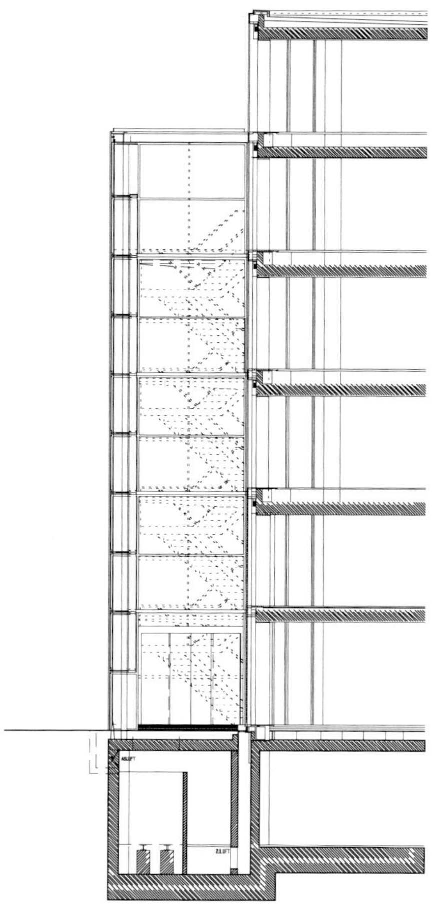

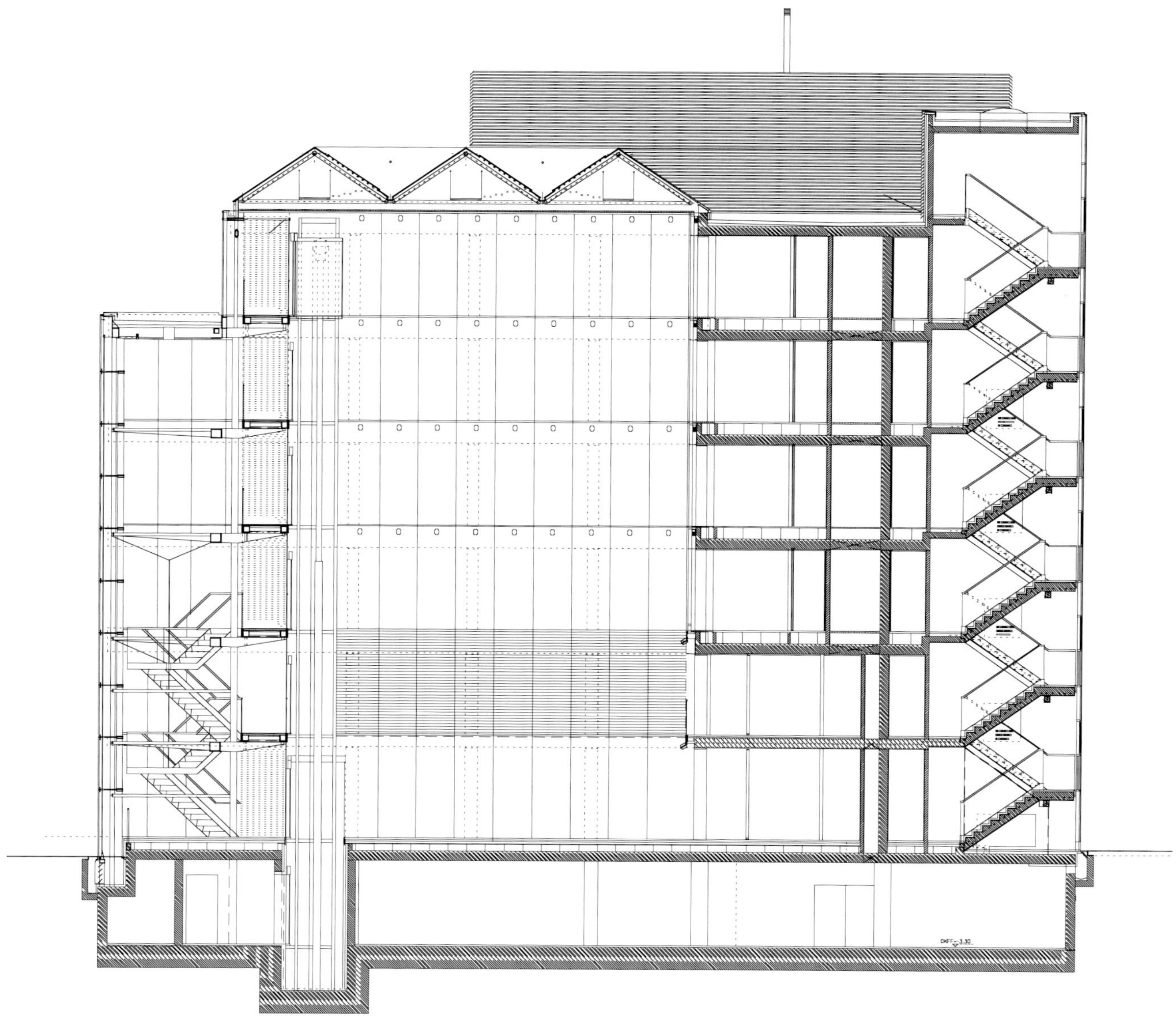

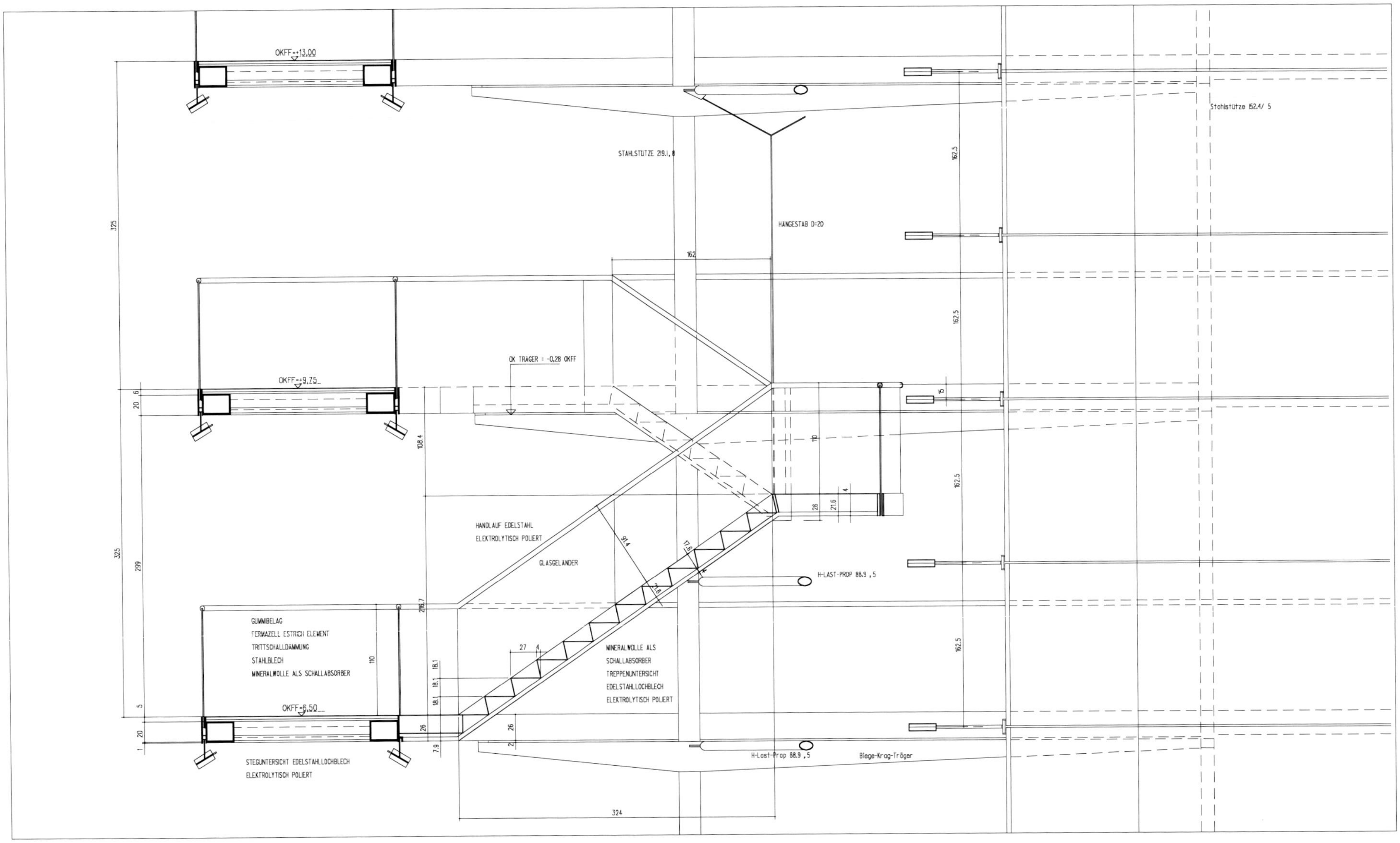
OKFF +13,00
STAHLSTÜTZE 219,1/8
HÄNGESTAB D=20
Stahlstütze 152,4/5
OKFF +9,75
OK TRÄGER : -0,28 OKFF
HANDLAUF EDELSTAHL
ELEKTROLYTISCH POLIERT
GLASGELÄNDER
H-LAST-PROP 88,9/5
GUMMIBELAG
FERMAZELL ESTRICH ELEMENT
TRITTSCHALLDÄMMUNG
STAHLBLECH
MINERALWOLLE ALS SCHALLABSORBER
MINERALWOLLE ALS
SCHALLABSORBER
TREPPENUNTERSICHT
EDELSTAHLLOCHBLECH
ELEKTROLYTISCH POLIERT
OKFF +6,50
STEGUNTERSICHT EDELSTAHLLOCHBLECH
ELEKTROLYTISCH POLIERT
H-Last-Prop 88,9/5
Biege-Krag-Träger

9, 10. Treppendetails.

9, 10. Stairway details.

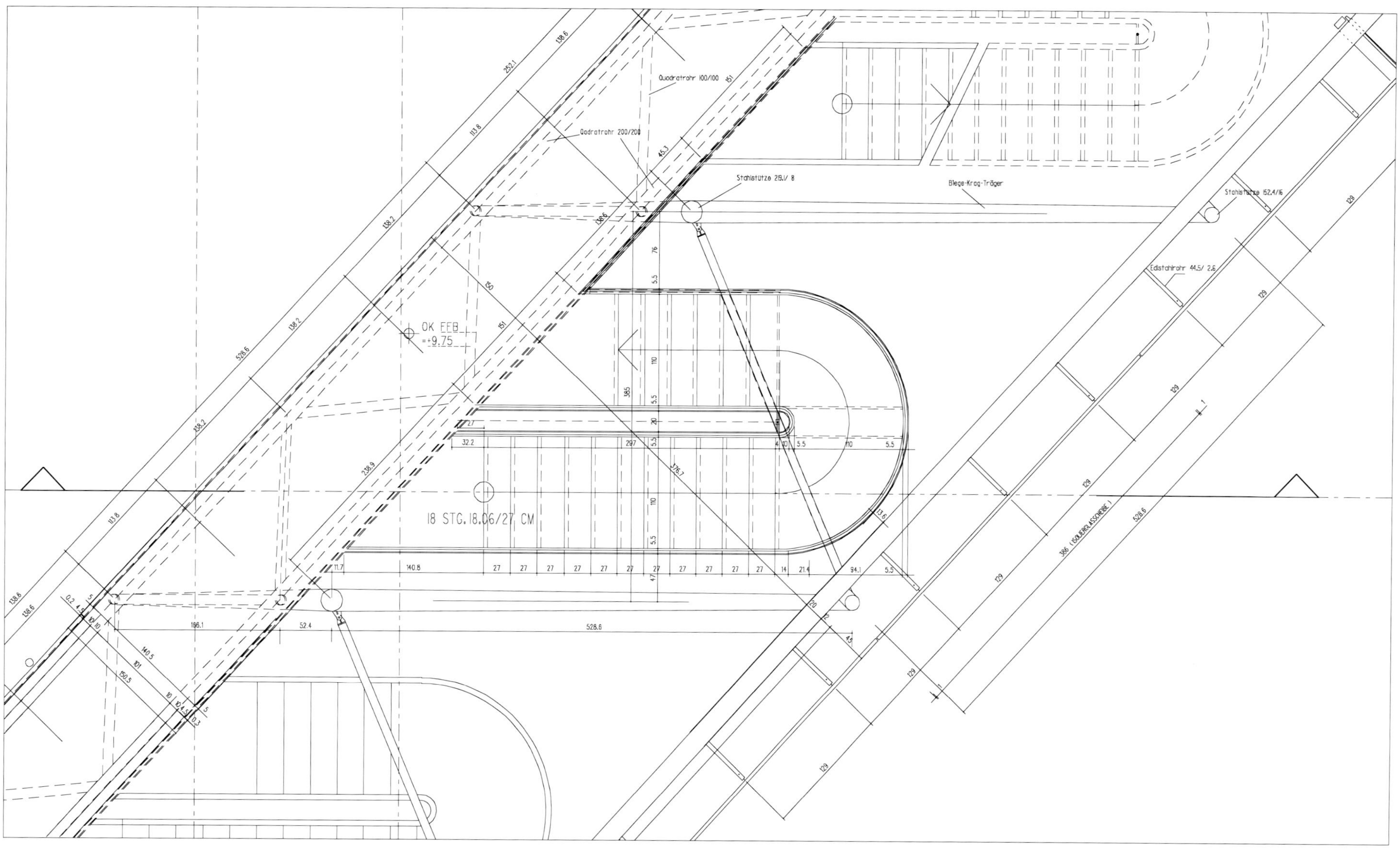

Verkauf
BEV
Freiberger

Peterssteinweg
Einsatzfahrzeuge
Justiz-
vollzugsanstalt
frei

S. 28/29
1. Ein Glashaus im Gründerzeitviertel: Till Schneider und Michael Schumacher provozierten mit ihrem KPMG-Gebäude eine Debatte über neues Bauen in alter Umgebung.

2. Bei Nacht verliert der Bau alle Schwere. Das Innere strahlt nach außen. Konstruktion und Raumgefüge werden sichtbar.
3. Bei Tag läßt das weiße Siebdruckmuster den Bau zur Münzgasse hin kompakt erscheinen, verwehrt direkte Einblicke in die Büros und dient als Sonnenschutz.

p. 28/29
1. A glass building in a district from the late 19th century: Till Schneider and Michael Schumacher triggered a debate about new building in old surroundings with their KPMG building.

2. The building looks quite weightless at night. The interior shines outwards. Construction and spatial structure become visible.
3. During the day the white silk-screen printing pattern makes the building look compact on the Münzgasse side, prevents a direct view into the offices and serves as a sunshade.

4. Wie ein Bug stößt der Baukörper auf den Platz im Einmündungsbereich von fünf Straßen vor.
5. Auf eine symmetrische Organisation des Baukörpers haben die Architekten bewußt verzichtet. Sie orientierten das Gebäude zur Münzgasse, wo die Fassade in Form einer Vitrine vorspringt.

4. The building thrusts into the square where five roads meet like the bow of a ship.
5. The architects deliberately chose not to organize the building symmetrically. They made it face Münzgasse, where the façade protrudes in the shape of a showcase.

6. Die Glasflächen changieren je nach Lichtverhältnis und Blickwinkel. Mal wirken sie opak, mal stumpf, mal hermetisch, mal transparent. Tagsüber spiegeln sich in den Glasflächen die Fassaden der umliegenden Gebäude, nachts geben sie den Blick frei auf Stufen und Stangen, Stützen und Kragarme: Die Treppenanlage und ihre Konstruktion werden sichtbar.
7. Der Vorbau mit Entree ist zusammengefügt aus abgehängten, rahmenlosen Glasscheiben.

6. The glass surfaces shimmer as the light changes and the viewpoint shifts. They sometimes seem opaque, sometimes dull, sometimes sealed off, sometimes transparent. In the daytime the façades of the surrounding buildings are reflected in the panes of glass, at night they open up a view of steps and rails, supports and cantilever arms: the staircase and its structure become visible.
7. The porch with the entrance is made up of suspended, unframed panes of glass.

8. Hinter Glas: Treppen und Aufzüge. Hier öffnet sich das dreieckige Atrium zur Straße hin.
9. Flirrendes Gewebe: Stufen, Stege und Stützen überlagern sich.

8. Behind glass: stairs and lifts. Here the triangular atrium opens on to the street.
9. Shimmering tissue: steps, walkways and support overlap.

10. Die freitragende Treppe und zwei gläserne Fahrstühle führen in die oberen Geschosse. Der Zugang zu den Bürobereichen erfolgt über Stege entlang der Fassade zur Münzgasse.
11. Die Eingangshalle ist mit schwarzen Granitplatten belegt. Im Vordergrund die Treppe zur Tiefgarage.

10. The free-standing stairs and two glass lifts lead to the upper floors. Bridges along the façade facing Münzgasse provide access to the office areas.
11. The entrance hall is floored with black granite slabs. In the foreground is the staircase to the underground car-park.

12. Die Treppe zu den Büros ist als geschweißte Stahlkonstruktion mit Flachstahlwangen und Blechstufen ausgebildet. Die Geländer sind ganz aus Glas, die Handläufe aus Edelstahl.
13. Die Wendeltreppe mit Lochblechbrüstung im Ladenbereich im Erdgeschoß. Hier ist eine Buchhandlung eingezogen.

12. The staircase to the offices is a welded steel structure with flat-steel sides and sheet-metal steps. The banisters are entirely in glass, the handrails in stainless steel.
13. The spiral staircase with perforated sheet-metal parapet in the shop area on the ground floor. A bookshop has moved in here.

14. Die Treppe zu den Büros nimmt mit ihren gerundeten Absätzen das Motiv des gekurvten Bugs auf.
15. Von Geschoß zu Geschoß versetzt, schwingt sich die Treppe entlang der Erschließungsstege empor.

S. 44/45
16. Großen Gewichten gleich balancieren die Stege die sich emporwindenden Treppen aus. Die Kragarme wirken dabei als Hebel. Diese Konstruktion steift zugleich die Fassade aus: Die horizontalen Riegel dienen den an Seilen aufgehängten Glasscheiben als Gegengewicht.

14. The staircase to the offices picks up the motif of the curved bow with its rounded landings.
15. Staggered from floor to floor, the staircase curves up the access bridges.

p. 44/45
16. Like great weights the bridges balance the upward-winding stairs, with the cantilever arms acting as levers. This construction also braces the façade: the horizontal bars serve as a counterweight to the panes of glass suspended on cables.

17. Maximale Transparenz: Alle Büros sind ringsum geschoßhoch verglast. Hier ein Blick vom Atrium in die Arbeitsräume.
18. Das glasüberdachte, dreieckige Atrium dient zur Belichtung der innenliegenden Büroräume, zugleich als thermische Pufferzone.

S. 48/49
19. Offene Räume: Die breiten Flure sind als Kommunikationsbereiche konzipiert. Hier finden sich Regale, Sitzgruppen und die Bibliothek.

17. Maximum transparency: all the offices are glazed all round from floor to ceiling. This is a view from the atrium into the workrooms.
18. The triangular atrium has a glass roof and lights the interior offices; it also serves as a thermal buffer zone.

p. 48/49
19. Open spaces: the broad corridors are conceived as communication areas. Here there are shelves, seating and the library.

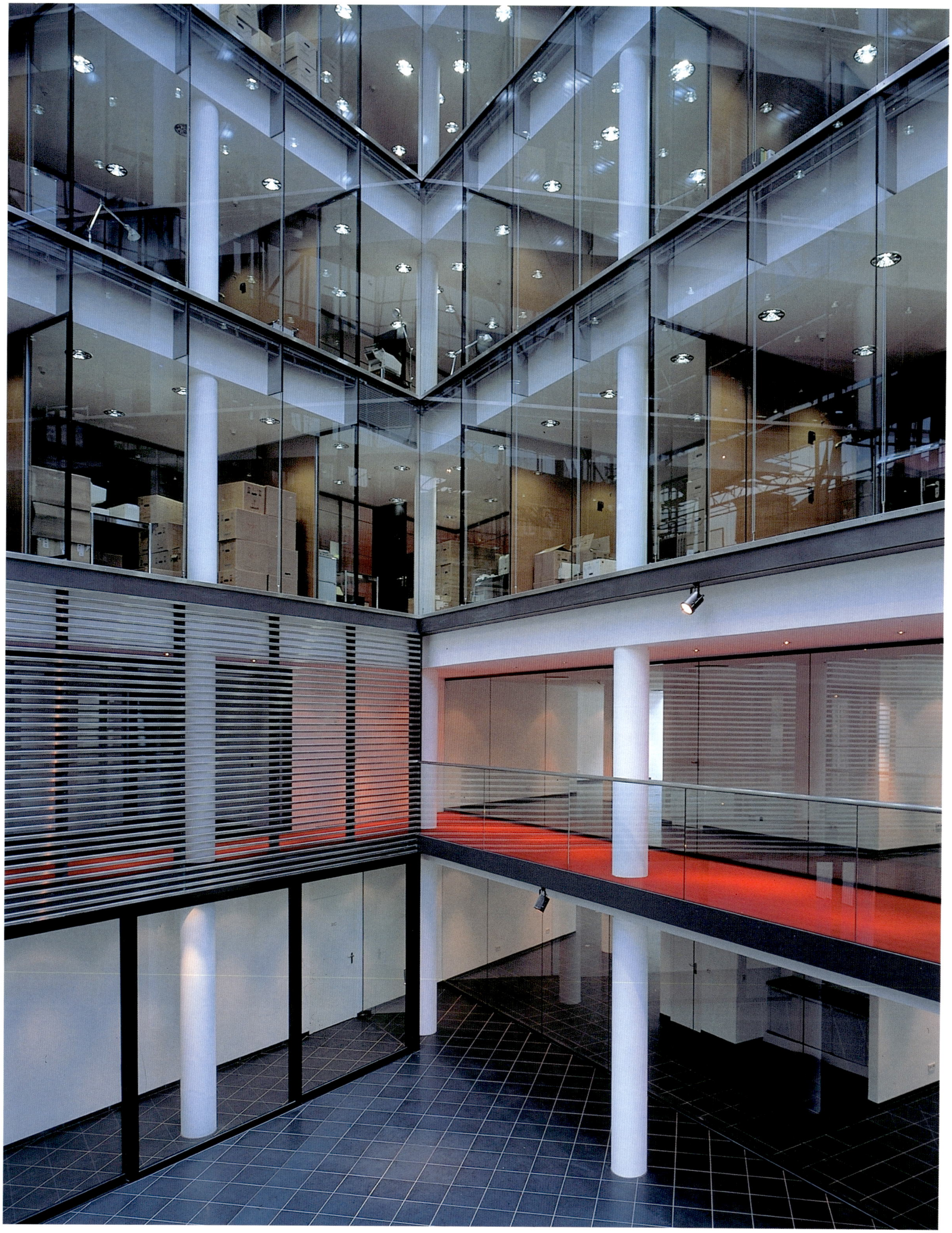

20. Auch die Teeküchen sind frei im offenen Raum angeordnet.
21. Der Cafeteriabereich ist mit Lamellen zum Atrium abgegrenzt.

20. The small kitchens are also arranged on an open plan.
21. The cafeteria is divided off from the atrium by slats.

22. Blick in den Besprechungsraum im 5. Obergeschoß.
23. Der Erschließungssteg auf der Südostseite des Gebäudes im 5. Obergeschoß. Hier liegt der Steg direkt an der Außenfassade.

S. 54/55
24. Ein dreidimensionales Tragwerk stützt das sattelförmige Dach des Atriums.

22. View into the meeting room on the 5th floor.
23. The access bridge on the southeast side of the building on the 5th floor. Here the walkway is right by the exterior façade.

p. 54/55
24. A three-dimensional framework supports the saddle-shaped atrium roof.

KPMG-Gebäude
Beethovenstraße 1
04107 Leipzig

Bauherr / Client
KPMG Deutsche Treuhand-Gesellschaft, Leipzig

Architekten / Architects
Schneider + Schumacher, Frankfurt am Main. Projektarchitekten / Project architects: Susanne Widmer, Kristin Dirschl; Mitarbeiter / collaborators: Lone Nitschke-Töpfer, Peter Begon, Christian Simons, Petra Pfeiffer, Richard Voss, Thomas Zürcher

Bauleitung / Site Management
Christian Jähnig, Berlin

Tragwerksplanung / Structural engineering
Bollinger + Grohmann, Frankfurt am Main

Fassadenkonstruktion / Façade design
MBM Möckmühl GmbH, Möckmühl. Subunternehmer / Subcontractors: MBM Dresden GmbH, Dresden; Octatube Space Structures B.V., Delft; Marinko Guberac, Bühl

Haustechnik / Installations
GET Planungsgesellschaft Energietechnik mbH, Frankfurt am Main

Brandschutz / Fire prevention
Brandschutz Consult Ingenieurgesellschaft mbH, Leipzig

Trennwände / Partitions
VS Vereinigte Spezialmöbelfabriken GmbH & Co., Tauberbischofsheim

Möblierung / Furnishing
Neuhaus Einrichtungen GmbH, Frankfurt am Main

Landschaftsarchitekt / Landscape architect
Ulla Schuch, Frankfurt am Main

Generalunternehmer / Main contractor
BEKO-Bau GmbH, Leipzig

Die folgenden Firmen haben die Herausgabe dieses Buches finanziell unterstützt:
The following firms have given financial support to the publication of this book:

Bollinger + Grohmann, Frankfurt am Main
Buchhandlung Flipper, Leipzig
GET Planungsgesellschaft Energietechnik mbH, Frankfurt am Main
Marinko Guberac, Bühl
KPMG Deutsche Treuhand-Gesellschaft, Leipzig
Stadt Leipzig, Stadtplanungsamt
VS Vereinigte Spezialmöbelfabriken GmbH & Co., Tauberbischofsheim